> »I believe the world
> needs more Canada.«
> (Bono, Frontmann der Band U2)

*Der Fotograf **Christian
Heeb** startet von Oregon
aus zu seinen Fotorecher-
chereisen in die ganze Welt.
Viele große Bildbände sind
von ihm bereits erschienen.*

*Der Autor **Ole Helmhausen**
lebt als freier Reisejournalist,
Blogger („Out of Canada")
und VJ in Montréal. Er ist
seit mehr als 20 Jahren für
deutschsprachige Medien
in Kanada und den USA
unterwegs.*

Liebe Leserinnen, liebe Leser!

Nur drei Autostunden nördlich von Toronto beginnt das
Abenteuer. Wir sind einer Empfehlung von Ole Helmhausen,
dem Autoren dieses Bandes, gefolgt und starten unsere Reise
durch Kanadas Osten im Algonquin Provincial Park. Gut erreichbar ist das Besucherzentrum im Süden des Parks mit
grandioser Aussichtsterrasse. Man schaut auf eine Wald- und
Seenlandschaft, die nicht zu enden scheint – ein Vorge-
schmack auf die Weite und Einsamkeit Kanadas. Allein die
Provinz Ontario ist so groß wie Deutschland und Frankreich
zusammen, doch leben hier nur 13 Mio. Menschen (in den
beiden EU-Landern dagegen 147 Mio.!).

Wälder, Seen und unendliche Weite

Wer tiefer eindringen will in den Algonquin Provincial Park,
mietet sich ein Kanu – und ist dann auf rund 2400 Seen und
1200 Flusskilometern allein mit sich und der Natur. Doch ein
bisschen Komfort ist selbst in der Wildnis äußerst angenehm. So empfiehlt es sich, dem Tipp unseres Autoren zu folgen und in der nur mit dem Boot erreichbaren Bartlett Lodge
(s. S. 56) zu nächtigen. Spätestens hier stellt es sich ein, das
„Weit-weg-von-allem-Gefühl", wie Ole Helmhausen es nennt.

Ganz amerikanisch, ganz französisch

Was Kanadas Osten neben der grandiosen Natur, die es ins-
besondere auch in den Atlantikprovinzen zu erleben gilt, so
reizvoll macht, sind die Gegensätze, mit denen man konfron-
tiert wird. Von glitzernden Metropolen ist es nicht weit in die
absolute Einsamkeit, und nach dem typisch amerikanischen
„way of life" in Ontario taucht man in Québec in französische
Lebensart ein. Montréal ist nach Paris die größte frankophone Metropole der Welt. Wen wundert's da, dass es hier
die meisten und besten Restaurants des Landes gibt. In einem seiner Lieblingsrestaurants haben wir Ole Helmhausen
zum Abschluss unserer Kanadareise getroffen – das Essen
war köstlich, das Ambiente toll, testen Sie selbst (s. S. 70f.).
Herzlich

Ihre

Birgit Borowski

Birgit Borowski
Programmleiterin DuMont Bildatlas

Impressionen

....

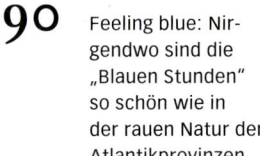

Toronto

....

Ontario

....

Montréal

UNSERE FAVORITEN

BEST OF ...

Topziele

Die bedeutendsten Sehenswürdigkeiten und Erlebnisse, die Sie auf keinen Fall versäumen dürfen, haben wir auf dieser Seite für Sie zusammengestellt. Auf den Infoseiten ist das jeweilige Highlight als **TOPZIEL** *gekennzeichnet.*

STADT, LAND, FLUSS

1 **CN Tower in Toronto:** Hoch, höher, am schönsten: Toronto ohne CN Tower, das wäre ein No-Go. **Seite 35**

2 **Art Gallery of Ontario in Toronto:** Die von Frank Gehry genial runderneuerte Galerie birgt 80 000 Objekte, u.a. Werke der kanadischen Group of Seven. **Seite 36**

3 **Ottawa River:** Das beste Raftingrevier östlich der Rockies. Bei Beachburg zeigt sich der Ottawa River von seiner wildesten Seite. **Seite 56**

4 **Montréal:** Warum nach Montréal? Darum: wegen der Restaurants, einer Trends setzenden Kulturszene und einer polyglotten Bevölkerung. **Seite 69**

SEHEN & ERLEBEN

7 **Niagarafälle:** Es gibt ein paar Orte auf der Welt, die will man mal gesehen haben. Die Niagarafälle sind einer davon. **Seite 55**

NATUR PUR

8 **Algonquin Provincial Park:** Seen und Wälder, riesige Elche und der geisterhafte Ruf des Eistauchers in der Dämmerung machen den Park zum „Must". **Seite 56**

9 **Parc National de Forillon:** Von herrlichen Aussichtspunkten hoch über dem St.-Lorenz-Golf Wale und Seevögel beobachten ist ein beeindruckendes Vergnügen. **Seite 89**

10 **Fundy National Park:** Weltrekordgezeiten lassen in der Bay of Fundy die Wasser flussaufwärts fließen. **Seite 109**

11 **Gros Morne National Park:** Urweltliche Fjorde und geologisch einzigartige Felstablelands. **Seite 112**

5 **Die Altstadt von Québec:** Sie zu besichtigen ist der Höhepunkt einer jeden Ostkanada-Reise. **Seite 87**

6 **Gaspésie-Halbinsel:** „Gaspésie" bedeutet sinngemäß das „Ende der Welt". Und das ist keineswegs zu viel versprochen. **Seite 89**

Bienvenue! – Welcome!

....

„Wiege Neufrankreichs", „Kanadas romantischste
Stadt": Québec City, hier mit dem Schlosshotel
Château Frontenac, ist Komplimente gewöhnt. In
der als UNESCO-Welterbe geschützten Hauptstadt
der gleichnamigen Provinz spricht man zwar mehr-
heitlich französisch, es werden aber auch englisch-
sprechende Besucher gern willkommen geheißen:
Immer mehr Québécois sind zweisprachig.

Stadtgeflüster

Als hipster Teil von Toronto gilt Queen Street West, das Viertel zwischen University und Spadina Avenue. Hier wimmelt es nur so von Cafés, Restaurants und Shops, in denen man alles findet, was trendig ist – und teuer. Denn das Hipsein hat eben auch seinen Preis. So bezahlt man hier mit die höchsten Ladenmieten der Stadt.

„I am a rock", ...

....

... sangen einst die unvergesslichen Simon and Garfunkel, nicht ohne gleich hinzuzufügen: „I am an island". Was im ersten Moment verwirrend klingen mag, fügt sich mit Blick auf dieses Bild zum stimmungsvollen Ganzen: Denn der Rocher Percé (hier rechts im Bild) am östlichsten Punkt der Gaspésie-Halbinsel ist zweifellos ein (fast 440 Meter langer und knapp 90 Meter hoher) Fels. Eine Insel ist er aber auch, was die Zeilen von Simon and Garfunkel zu bestätigen scheinen, die weiter sangen: „And a rock feels no pain. And an island never cries." Na, wenn das so ist.

City Lights

Montréal, das wird beim Blick vom bewaldeten
Mont Royal auf die Millionenstadt am St.-Lorenz-
Strom deutlich, strebt zu Höherem. Geografisch
gesehen liegt die zweitgrößte Stadt Kanadas (nach
Toronto) von Vancouver im Westen des Landes
genauso weit entfernt wie vom europäischen
Kontinent im Osten. In ihrem Ambiente wie in
ihrem Erscheinungsbild vereint sie das Beste
dieser beiden Welten.

Paddelnd ins Glück

....

„Kalt war's und eisig, aber schön", sagen die, die
schon hier waren, im Monat Mai vor allem, der
anderenorts auch als Wonnemonat gilt. Und die,
die noch nicht hier waren, die müssten einfach
mal selbst erleben, wie wonnig man sich hier
fühlt, auf einer „Iceberg Tour" vor Twillingate
an der Nordküste Newfoundlands. Die findet
ganz komfortabel im Ausflugsboot statt. Aber
wer das wahre Abenteuer sucht, der wagt sich
auch in einem Kajak in die kühlen Fluten.

Indian Summer

Wenn sich im späten September und frühen Oktober die Bäume wie hier im Algonquin Provincial Park in der Provinz Ontario verfärben, dann steht man als Betrachter ganz still und stumm. Denn dann verwandeln sich die Wälder in ein märchenbuntes Farbenmeer, das einem die Sinne betört und jeden zum Schwärmen bringt.

Die ungewöhnlichsten Unterkünfte

Denkwürdige Nächte im Osten

Bei allen Naturschauspielen, die Kanadas Osten zu bieten hat, sind es oft die kleinen, die persönlichen Erlebnisse, die einem daheim zuerst einfallen. Dazu gehört auch, wo und wie man übernachtet hat. Unsere Favoriten stellen Ihnen jene Unterkünfte vor, in denen Sie sich nicht nur ausgezeichnet betten können, sondern die Ihnen auch noch das ganz besondere Schlaferlebnis bieten.

① HI-Ottawa Jail Hostel (Ottawa, Ontario)

Wie würden wohl die Lieben daheim auf eine E-Mail von Ihnen reagieren, in der Sie berichten, gerade eine Nacht im Gefängnis zu verbringen? Im Jail Hostel mitten in Ottawa saßen von 1862 bis 1972 tatsächlich schwere Jungs und Mädchen ein. Nach der Übernahme hat der Betreiber Hostelling International zwar umfassende Renovierungen vorgenommen, die Zellen jedoch weitgehend belassen. Zu den wenigen Änderungen gehören bequeme Betten und gemütliche Leselampen. Und von innen zu öffnende Türen, natürlich …

€ HI-Ottawa Jail Hostel, 75 Nicholas St., Tel. 61 32 35 25 95, www.hihostels.ca/Ontario/1166/HI-Ottawa-Jail.hostel

② Making Waves Boatel (Toronto, Ontario)

Es kommt nicht oft vor, dass sich die Gäste uneins darüber sind, was denn nun das Beste an einem Hotel gewesen ist. Im Falle des Boatel, einer im Toronto Harbour vertäuten 20-Meter-Jacht, sind dies die allgemein anerkannten Pluspunkte: das abendliche Gläschen Wein auf dem Deck vor der nächtlichen, sich spektakulär über der Stadt erhebenden Skyline, die nur zwei, drei Gehminuten betragende Entfernung zu CN Tower und Rogers Centre, und die drei Kabinen – schnuckelige Hobbithöhlen, in denen man am liebsten Wurzeln schlagen würde. Das Boatel wird als B&B betrieben, aber das macht nichts: Gute Restaurants für's Abendessen sind nur einen Katzensprung entfernt.

€€/€€€ Making Waves Boatel, 539 Queens Quay W., Tel. 64 74 03 27 64, www.boatel.ca

③ The Tower Hotel (Niagara Falls, Ontario)

Bis zur Decke reichen die Panoramafenster, und was da zu sehen ist, ist seit mehr als 150 Jahren ein wahrer Publikumshit: 180 Meter tiefer und nur wenige Schritte entfernt rauschen nämlich die Niagarafälle! Die im 27. bis 30. Stockwerk des Turmhotels angelegten, unterschiedlich eingerichteten und mit Kochgelegenheit versehenen Zimmer bieten fantastische Blicke auf die Fälle und die Stadt Niagara Falls. In der Lobby gibt es ein Café, im Restaurant Marilyn's Bistro warten mediterrane Küche – und natürlich der imposante Blick auf ein tosendes Inferno …

€€€ The Tower Hotel, 6732 Fallsview Blvd., Tel. 90 53 56 15 01, www.niagaratower.com

④ Le Monastère des Augustines (Québec City, Québec)

Das während des „ancien régime" im Herzen von Alt-Québec errichtete Augustinerinnenkloster war eines der ersten Krankenhäuser Kanadas. Heute ein wunderbares Boutiquehotel, lebt der Geist der helfenden Nonnen hinter den historischen Mauern weiter. Den Gästen steht eine Vielfalt ganzheitlicher Gesundheitsprogramme und Anwendungen zur Auswahl, die Zellen der Schwestern wurden in friedvolle Oasen verwandelt.

€/€€ Le Monastère des Augustines, 77 rue des Remparts, Tel. 41 86 94 16 39, www.monastere.ca

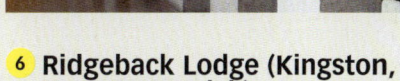

5 Fogo Island Inn (Joe Batt's Arm, Newfoundland)

Es steht zum Teil auf Stelzen, liegt am alleräußersten Rand des Kontinents und ist weit mehr als nur ein Luxushotel: Der 2013 in Joe Batt's Arm auf Fogo Island eröffnete Fogo Island Inn ist auch der Motor, mit dessen Hilfe seine Besitzerin, eine wohlhabende Geschäftsfrau, die sieche Wirtschaft ihrer Inselheimat wieder ankurbeln will. „Fogo first" heißt ihr Grundsatz: Alle Baumaterialien stammen von hier, die Angestellten ebenso, und junge Unternehmer von der Insel erhalten Kleinkredite von der Stiftung des Hotels. In den Dörfern auf Fogo rekrutierte „Community Hosts" zeigen dem Besucher ihre Insel, internationale Künstler arbeiten zusammen mit einheimischen Handwerkern an immer neuen Projekten. Dies alles geschieht auf informelle, typisch neufundländische Weise. Wer hier eincheckt, hat nie das Gefühl, in einer anonymen 5-Sterne-Herberge zu sein.

€€€€ Fogo Island Inn, Joe Batt's Arm, Fogo Island, Tel. 70 96 58 34 44, www.fogoislandinn.ca

6 Ridgeback Lodge (Kingston, New Brunswick)

Abends den Übergang von der Dämmerung zur Nacht vom japanischen Hot Tub aus beobachten. Vor dem Einschlafen vom Bett aus die Sterne zählen. Und morgens beim Frühstück den wild wachsenden Wald genießen: Genau das lässt sich hier zwischen duftenden Laub- und Nadelbäumen ganz hervorragend tun. Und zwar entweder in einem der vier einzigartigen „Dream Domes" – halbrunde, jurtenartige Zeltkonstruktionen mit Kingsize-Bett, Bad, Küchenzeile und Holzofen – oder in einer der beiden „Standard Cabins" mit zwei Schlafzimmern, Wohnzimmer, Bad und Küche. Letztere gibt es auch in Deluxe-Ausführung mit Queensize-Bett und dazugehörigem „Stargazer Dome" – einem ebenfalls halbrunden Großzelt mit Ofen und Panoramafenster in der Kuppel. An WLAN und Smartphone denkt man hier gar nicht erst. Stattdessen genießt man Natur pur, mietet sich tagsüber ein Kanu in der Lodge, schwimmt im See oder wandert im Wald, sitzt abends gemütlich um ein Lagerfeuer und begibt sich dann gern wieder in sein Bett: zum Sternezählen.

€€ Ridgeback Lodge, 86 Old Reach Rd., Kingston (30 Autominuten nördlich von Saint John), Tel. 50 676 326 17, www.ridgebacklodge.com

7 Quirpon Lighthouse Inn (Quirpon Island, Newfoundland)

Quirpon Island vor der neufundländischen Northern Peninsula ist baumlos und kahl; Wale kommen einem hier oft so nahe, dass man sie von den Felsen aus berühren könnte, und Eisberge sind in einer guten Saison bis zum Herbst zu sehen. Es gibt zehn gemütliche Zimmer in einem Leuchtturm von 1922. Im Preis für diesen unvergesslichen Trip ans Ende der Welt inbegriffen sind Übernachtung, alle Mahlzeiten und Walbeobachtungstouren. Start und Ziel ist im Outport Quirpon unweit L'Anse-aux-Meadows.

€€€€ Quirpon Lighthouse Inn, Linkum Tours, Corner Brook, Tel. 70 96 34 22 85, www.linkumtours.com/ quirpon-lighthouse-inn

Kunst, Kultur, Lifestyle

Auf den ersten Blick erinnert Toronto den Besucher an eine x-beliebige US-amerikanische Großstadt. Doch wer genauer hinschaut, wird überraschende Unterschiede entdecken. Den ersten bemerkt man gleich am ersten Tag: Torontonians hupen nicht. Allein das ist schon typisch kanadisch.

Augenblicke wie dieser sind unvergesslich: Nightwatch auf dem CN Tower, einem der höchsten Fernsehtürme der Welt.

Think pink! Ein Päuschen in Ehren kann niemand verwehren. Und auf dem Dundas Square, der offiziell Yonge-Dundas Square heißt, kann man an heißen Tagen sogar die Zehenspitzen im Springbrunnen abkühlen lassen.

Fernsehturm trifft auf modernstes (Sharp Centre for) Design.

Going Downtown: Torontos Glitzerfassadenwelt steht derjenigen US-amerikanischer Großstädte kaum nach.

Heute gehört Toronto, kurz „T.O." genannt, zu den Trendsettern auf dem Kontinent.

Erwachsene setzen nur zögernd ihren Fuß darauf. Kinder dagegen wittern ihre Chance, es den Erwachsenen einmal so richtig zu zeigen und hüpfen unbekümmert auf ihm herum. Kein Zweifel: An dem Glasboden auf dem CN Tower scheiden sich die Geister. Wer Angst vor Höhen hat (oder Tiefen), sollte ihn erst gar nicht betreten. Exakt 346 Meter stürzt der Blick hier in die Tiefe, und zwar unmittelbar vor der eigenen Schuhspitze.

Von hier oben gleicht die Welt da unten dem sprichwörtlichen Ameisenhaufen. Zwar steht auf einem Schild, das vielschichtige Glas sei mehrere Zentimeter dick und könne Elefanten tragen, aber das Gehirn vermag diese Information nicht so recht an den Bewegungsapparat weiterzugeben. Dabei ist der Glasboden noch nicht einmal die größte Herausforderung auf dem CN Tower. Besonders Wagemutige können auch noch dem Drehrestaurant aufs Dach steigen: Dort findet sich nämlich der Edge Walk, ein geländerloser Gitterrost, auf dem man rund um den Turm herumspazieren und Toronto wie ein Basejumper kurz vor dem Absprung erleben kann.

Allein die Aussicht über die Downtown und den uferlosen Lake Ontario wäre den Irrsinn zweifellos wert: Mit 6,2 Millionen Einwohnern ist Greater Toronto heute die größte Stadt Kanadas und die viertgrößte Stadt Nordamerikas.

Keine 230 Jahre ist es her, dass die Briten den Mississauga-Indianern an dieser Stelle 200 Hektar Land für ein paar Fässer Feuerwasser abkauften und die Stadt York darauf bauten. Später wurde aus York Toronto, und Toronto (irokesisch für „Treffpunkt") gedieh als Hauptstadt Ontarios, Handelszentrum und Hochburg der erzkonservativen „white anglo saxon protestants" prächtig.

Puritanisch blieb die Stadt indes noch lange. Wer sich ins Nachtleben stürzen wollte, der musste nach Montréal fahren. Im letzten Drittel des 20. Jahrhunderts erlebte die Stadt noch einen Extraschub. Anlässlich der Separationskrise im benachbarten Québec verließen Zehntausende englischsprachiger Québecer und Hunderte nationale wie multinationale Unternehmen Montréal in Richtung Lake Ontario. Wenig später löste Toronto Montréal als wirtschaftliche Nummer eins des Landes ab.

Nachhaltig im Trend

Heute gehört Toronto, kurz „T.O." genannt, zu den Trendsettern auf dem Kontinent. Im Wohnungsbau verheißt LEED (Leadership in Energy and Environmental Design) eine Zauberformel – nachhaltige, menschenfreundliche Ar-

Relaxen in der Lobby des Hotel Drake im Viertel West Queen West, das ...

... mehr ist als bloß ein Hotel – nämlich Café, Musikschuppen, Künstlertreff und Ausstellungsraum zugleich.

Bei seiner Gründung 1890 nutzten vor allem Bahnarbeiter der benachbarten Canadian-Pacific-Railway das Hotel, ehe es zur Absteige verkam, zum Stundenhotel, zur Punk-Bar, zur Rave-Höhle. Bis sich ein neuer Eigner erbarmte und nicht nur die Wände neu anstrich.

„As fresh as you'll ever find!", lautet das Motto auf dem schon 1803 etablierten St. Lawrence Market – mit dem Kensington Market einer der beiden großen Märkte der Stadt.

chitektur, die Dächer begrünt und Gebäude mit Wasser aus dem Lake Ontario kühlt. Seit Mai 2011 hat Toronto, als zweite kanadische Stadt nach Montréal, ein öffentliches Leihradsystem. Zudem ist man fußgängerfreundlich und verfügt über ein ganz hervorragendes öffentliches Nahverkehrssystem.

Kreative Klasse

Nicht zuletzt ist Toronto die Wahlheimat von Richard Florida: Der einflussreiche Ökonom und Hochschullehrer wurde berühmt mit seinem Konzept der „kreativen Klasse", wonach die wirtschaftliche Stärke einer Stadt oder Region davon abhängt, inwieweit sie Menschen mit kreativen Berufen, egal ob Künstler, Softwaredesigner oder Biotech-Ingenieur, anzuziehen vermag. Torontos Stadtrat hat Floridas Thesen verstanden und umgesetzt: Von der öffentlichen Hand mitfinanzierte Vereine wie Artscape stellen den heute rund 10 000 (finanziell meist klammen) Künstlern in der Stadt Räumlichkeiten zu Niedrigstpreisen zur Verfügung. Dies trug dazu bei, dass Toronto heute nicht nur zu den Hotspots der zeitgenössischen kanadischen Kunst gerechnet wird, sondern auch immer mehr und vor allem immer länger in der Stadt weilende Besucher anziehen konnte. Darüber freuen sich natürlich auch die Tourismusverantwortli-

chen, die auf ihren neuesten Webseiten Live Twitter-Updates und Webcams einsetzen, um Toronto in Echtzeit, auf Augenhöhe sozusagen, zu präsentieren. Womit zugleich signalisiert wird, dass Torontos vielgerühmtes multikulturelles Make-up längst den Alltag bestimmt und deshalb – für die hier Lebenden jedenfalls – kaum noch groß zu erwähnen ist. In der zweiten Dekade des dritten Jahrtausends punktet die Metropole lieber mit Kunst, Kultur und menschenfreundlichem, urbanem Lifestyle.

firmiert Toronto regelmäßig als eine der besten music cities Nordamerikas.

Nicht selten kommt auch Schwerverdauliches auf die Bühnen: Meinungsfreiheit, die amerikanische Außenpolitik und Zivilcourage sind die bevorzugten Themen engagierter Theatergruppen wie der Canadian Stage – sie zeugen vom weltoffenen Torontoer Publikum. Mit ihren einmal im Jahr die U-Bahn nicht kopf-, aber hosenlos benutzenden Mitbürgern gehen sie ohnehin souverän um, wie unter anderem auf YouTube-Videos vom

Toronto fühlt sich an wie ein Dorf, oder besser: wie viele Dörfer.

„No Pants Subway Ride"
In der Tat ist hier eine ganze Menge los. Fast 200 im Raum Toronto angesiedelte Theatergruppen, über 50 Ballett- und Tanzensembles, mehrere renommierte Musicalbühnen, sechs Opernensembles und zwei Sinfonieorchester wurden in der Stadt gezählt. Die Jazzszene gehört zu den besten des Kontinents, in über 160 Klubs, Diskos und Musikkneipen treten die herausragendsten Musiker, DJ's und Entertainer des englischsprachigen Kanadas auf, und in den Medien

„No Pants Subway Ride-Day" zu besichtigen ist.

Downtown für Fußgänger
Urbaner Lifestyle hin oder her: Toronto fühlt sich trotzdem an wie ein Dorf, oder besser: wie viele Dörfer, die hier „Neighbourhoods" heißen und sich um ein modernes Zentrum, die Downtown, scharen. Dort befinden sich auch die wenigen Sehenswürdigkeiten: der CN Tower als dritthöchster Fernsehturm der Welt, die Hockey Hall of Fame mit dem Stanley

Auch Toronto hat ein Flatiron Building. Mit offiziellem Namen heißt das 1891 errichtete rote Backsteingebäude am östlichen Ende des Financial District „Gooderham Building".

Vor dem Kensington Market: Nun sage aber bitte keiner, dieses Auto habe schon bessere Tage gesehen!

Vom Hard Rock Café, das auch in Torontos Downtown die Gäste verwöhnt, zum …

… Eaton Centre ist es nur ein Katzensprung. Da kann man den Shoppingbummel mit einem Imbiss verbinden, mit einem leckeren Cesar's Salad etwa oder einem saftigen Steak.

Filmfestival **Special**

Movies!

....

Das Toronto International Film Festival (TIFF, www.tiff.net) zeigt jeweils ab September mehr als 300 Filme aus 60 Ländern in 32 Theatern, Konzertsälen und Kinos.
Wegen seiner guten Atmosphäre und dem begeisterten Publikum wird das TIFF auch von den Hollywood-Studios überaus geschätzt: Viele Kassenknüller erlebten hier ihre Weltpremiere. Dabei gilt das Hauptaugenmerk der Organisatoren Independentfilmen und Produktionen aus der dritten Welt.

Lächeln für Toronto: Madonna & Co.

Cup, Bay Street, Kanadas Wall Street, die Straßenschluchten des Financial Center und das Eaton Center, Torontos populärster Konsumtempel, der sich zum Dundas Square öffnet, Torontos werbetafelübersäte Antwort auf New Yorks Times Square. Und, schon etwas nördlich, findet man die weltberühmte Art Gallery of Ontario (AGO) sowie das Royal Ontario Museum (ROM).

Etabliert …

Downtown Toronto ist der Motor des Landes und brummt werktags wie ein Bienenstock. Nach Büroschluss wird es spürbar ruhiger zwischen den kühl schimmernden Bürotürmen. In den Neighbourhoods wird es dann erst richtig munter. Hierher kommen die Torontonians zum Dinner und um die Nacht zum Tage zu machen. Einige Viertel werden historisch von bestimmten Einwanderergruppen geprägt, andere von der Höhe des Mietspiegels oder der sexuellen Präferenz. Insgesamt umgibt ein Kranz von rund 60 solcher Viertel die Downtown. Für den Besucher interessant sind etwas mehr als ein Dutzend. Einige sind inzwischen etabliert, wie die beiderseits der Dundas Street liegende Chinatown – ein wuseliges, lautes und nicht immer ganz hygienisches fernöstliches Vielerlei –, das multiethnische, quirlige Kensington Market oder das für seine Restaurants berühmte Little Italy an der

College Street. Nicht zu vergessen das noble Yorkville und der Historic Distillery District, eine 44-Gebäude-Destille aus dem 19. Jahrhundert, die heute als Kulturzentrum dient und als einzige Fußgängerzone der Stadt auch einige der besten Restaurants, Boutiquen und Kunstgalerien Torontos beherbergt.

… oder mit Trendverdacht

Andere Viertel wiederum tragen Label wie *hip* und *cool* und ändern ihr Antlitz so schnell wie das Wetter. Queen West, einst das Rotlichtviertel der Stadt mit seinen Sexhops und Tätowierläden in windschiefen Bruchbuden, ist nun Torontos beliebtestes Szeneviertel, während das westlich anschließende West Queen West die Rolle des charmant verlotterten Inkubators für junge Künstler übernommen hat. West Queen West's jüngste Ableger sind Ossington zwischen Queen Street und Dundas, ein Abschnitt mit Trendgalerien und In-Restaurants zwischen Autowerkstätten und Kindergärten, sowie Roncesvalles Village jenseits der Dufferin Street. Mit seinen polnischen Metzgereien, Fair-Trade-Cafés und angesagten Restaurants konkurriert das alte polnische Viertel zunehmend mit West Queen West, aber auch mit anderen Neighbourhoods wie Liberty Village, Leslieville, Baldwin Village oder dem munteren Church Wellesley Village, Torontos hippem Schwulenviertel.

ARCHITEKTUR

Die Design-Stadt

Die alles beherrschende Vision: neue Räume für die Menschen schaffen. Kreative kanadische Architekten bauen neomodern angehauchte Strukturen. Und dabei schaffen sie es auch noch, die alte Bausubstanz respektvoll zu integrieren.

Kein Geringerer als der internationale Star-Architekt Daniel Libeskind konzedierte Toronto eine echte Architektur-Renaissance: „Städte verwandeln sich nicht stufenweise, sondern ruckartig. So einen Moment erlebt Toronto gerade. Nach einer langen, trägen Phase, in der designmäßig kaum etwas passierte, ist nun eine Energie, ein echtes Verlangen nach menschenfreundlicher Architektur spürbar. Dies ist eine ganz besondere Phase für Toronto ..."

Im Klartext: Zu Beginn des dritten Jahrtausends platzten gleich ein halbes Dutzend von Torontos bedeutenden Kulturträgern aus allen Nähten. Fast zeitgleich brauchten Theater, Konservatorium, Nationalballett, Universität und Oper neue Räumlichkeiten. Zwar gab es schon vorher eine ganze Reihe talentierter Architekten in Toronto; so eröffnete bereits im Jahr 1995 das an eine gigantische Schuhschachtel erinnernde Bata Shoe Museum von Moriyama & Teshima Architects, doch die große Wende kam erst sieben Jahre später, 2002. Damals schrieb die Provinzregierung sieben Großprojekte aus und vergab zwei davon an Daniel Libeskind und Frank Gehry. Der Plan, PR-technisch ein Geniestreich, ging auf: Die Projekte der beiden Reißbrett-Genies – Libeskind überzog das altehrwürdige Royal Ontario Museum mit einer Art explodierendem Kristall, Frank Gehry versah

die Art Gallery of Ontario mit einem Kokon aus Holz, Glas und Stahl – brachten weltweite Aufmerksamkeit und lockten weitere renommierte Architekten an. So schuf u. a. der Brite Will Alsop 2003 das Sharp Centre for Design, einen schwarzweiß karierten, auf 27 Meter hohen, buntstiftähnlichen Stelzen stehenden Kasten hoch über dem Queen Street Village. Von seinem Landsmann Sir Norman Foster stammt das 2006 eröffnete Leslie L. Dan Pharmacy Building – die mit schwebenden Sphären in der Lobby punktende pharmazeutische Fakultät der University of Toronto. Im selben Jahr kreierte Behnisch Architekten, das weltweit bauende Büro aus Stuttgart, das Terrence Donnelly Centre for Cellular Research, eine ziemlich grandiose Symbiose von alter und neuer Bausubstanz.

Außen hui, innen noch besser

Es war aber schon immer vor allem die Aufgabe einheimischer Architekten und Designer, das Bild der Stadt dauerhaft zu verändern. Federführend dabei sind vor allem KPMB Architects, die seinerzeit gleich vier der sieben Großaufträge erhielten und auch dieser Tage überaus kreativ sind in Toronto. Erkennbar bleibt stets die Vision der Designer um KPMB-Mitbegründerin Marianne McKenna: alte Bausubstanz respektieren, transparente, neomodernistisch inspirierte

Drei auf einen Streich: Will Alsops Sharp Centre for Design (linke Seite, ein Erweiterungsbau des Ontario College of Art & Design), Frank Gehrys Art Gallery of Ontario (oben) und das von Daniel Libeskind ebenfalls mit einem Erweiterungsbau, dem Michael Lee-Chin Crystal, versehene Royal Ontario Museum (unten im Detail).

„Städte verwandeln sich nicht stufenweise, sondern ruckartig. So einen Moment erlebt Toronto gerade."

(Daniel Libeskind)

Zweimal Downtown: einmal im kubistischen Nullachtfünfzehn amerikanischen Großstadteinerleis (oben), einmal als reichlich verwegene Kon- und Dekonstruktion in Form der Art Gallery of Ontario (unten). Letztere gibt sich innen schwungvoll in Holz (rechte Seite).

Weitere Informationen

....

Geführte Touren
City Walks mit Marta O'Brian,
Tel. 41 66 99 98 38, www.citywalks.ca

Buchtipp
Sean Stanwick & Jennifer Flores,
Design City Toronto, Academy Press

Internetadressen
Moriyama & Teshima, www.mtarch.com
KPMB Architects, www.kpmb.com
Diamond Schmitt Architects, www.dsai.ca
Studio Daniel Libeskind, http://libeskind.com/
work/royal-ontario-museum/

Begegnungsräume schaffen. Das Ergebnis sind elegante, federleicht wirkende Gebäude, die sich dezent, fast wie gute Nachbarn, in das bestehende Stadtbild einfügen.

Ein Paradebeispiel dieser in Toronto zunehmend populären Formensprache ist die Canada's National Ballet School (2006), deren moderne Flügel aus Glas sich asymmetrisch um ein Gebäude aus dem 19. Jahrhundert falten. Der Ausbau des Gardiner Museum of Ceramic Art (2006) wiederum erhielt eine Reihe weit auf den Bürgersteig kragender, schmuckkastenähnlicher Quader mit großen Fenstern. Platz- und Strukturprobleme wurden mit dem TELUS Centre for Performance and Learning (2007) genial gelöst, und mit dem Festival Centre and Tower (2009), einem weißen Wolkenkratzer mit asymmetrischer Basis, erhielt das Toronto International Film Festival ein würdiges Zuhause.

Auffällig unauffällig

Last but not least: das neue Opernhaus der Stadt. Dieses passt sich dem „alten" Toronto so gut an, dass man auch nichtsahnend daran vorbeigehen könnte. Mit seinen rahmenlosen Glasfassaden und Ziegelwänden in Anthrazit präsentiert sich das Four Seasons Centre for the Performing Arts (2006) der Torontoer Architekten Diamond & Schmitt außen als gepflegtes Understatement. Innen überzeugt zeitlos schönes Design aus Glas und hellem Ahornholz. Was auffällt, ist, dass es nicht auffällt: die spektakuläre Abwesenheit des bei Opernhäusern sonst gern gekrönten Exhibitionismus also. Und das ist nun wiederum ganz typisch für Toronto.

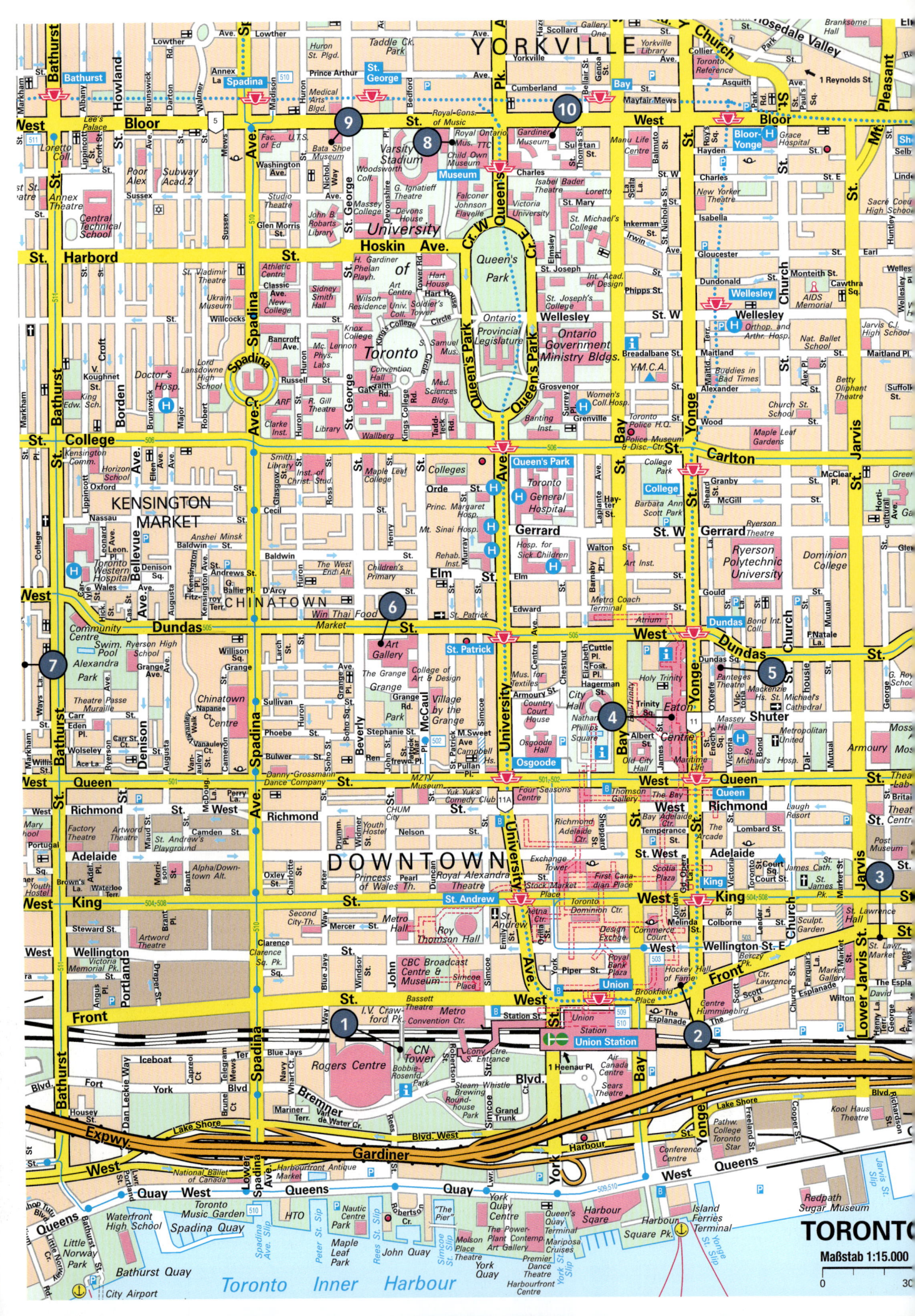

Flanieren & genießen

Einst bezeichnete der Schauspieler und Dramatiker Sir Peter Ustinov die kanadische Metropole als ein „von Schweizern betriebenes New York". Damit bezog er sich darauf, dass diese Stadt nicht nur groß, sondern auch sauber und sicher ist. – Und sogar fast ein bisschen sexy dazu, ließe sich heute getrost hinzufügen.

Toronto

Dynamisch, aufgeschlossen und vorwärtsgewandt: Kanadas größte Stadt marschiert mit riesigen Schritten in Richtung Zukunft.

GESCHICHTE

Der erste Weiße vor Ort war Étienne Brulé. Der junge Franzose identifizierte schon 1615 die Stelle des heutigen Toronto als wichtige Etappe auf der Kanuroute zum Lake Michigan, doch erst 1750 errichteten die Franzosen hier das Fort Rouillé. 1758 fiel dieses an die Briten. Nach 1787 wuchs in seinem Schatten eine Siedlung namens York heran. Der Zustrom von Loyalisten, die mit der Unabhängigkeit der 13 Kolonien im Süden nichts im Sinn hatten, machte York rasch zu einer ansehnlichen Siedlung. 1834 wurde York in Toronto umbenannt, drei Jahre später erlebte die 10 000-Einwohner-Stadt einen erfolglosen Aufstand gegen die „family compact" genannte Clique um den britischen Gouverneur. 1867 erkor man Toronto zur Hauptstadt der neuen Provinz Ontario. Um 1900 war man eine blühende, durchweg protestantische Handelsstadt, in der selbst die Polizei nicht, wie in New York, aus irischen Katholiken, sondern aus nordirischen Protestanten bestand. Erst als Kanada auch Einwanderer anderer Hautfarbe ins Land ließ, änderte sich das. Immigranten aus Ost- und Südeuropa ließen sich in Toronto nieder, dazu Asiaten und Lateinamerikaner. In den 1970er-Jahren profitierte Toronto von der Separationskrise in Québec. Zu Beginn der Achtzigerjahre hatte Toronto Montréal als größte Stadt Kanadas abgelöst.

SEHENSWERT

Downtown Toronto ist bequem an ein, zwei Tagen zu erkunden. Gemeinhin versteht man darunter die Gegend vom Seeufer bis zur Bloor Street, nach West und Ost von Spadina Avenue und Jarvis Street begrenzt. Die am See beginnende Yonge Street ist die wichtigste Nord-Süd-Achse. Rundgänge beginnen oft an der Front Street. Dort alles überragend: der ❶ **CN Tower** **TOPZIEL**, lange das höchste Bauwerk der Welt, der mit einem Aufzug mit Glasboden, einem Drehrestaurant, dem Edge Walk und dem Skypod genannten Ausguck in 447 m Höhe ein grandioser Besuchermagnet (www.cntower.ca) bleibt. Die weiße Muschel daneben ist die 60 000-Plätze-Arena **Rogers Centre**, Heimat der Toronto Argonauts (Baseball). Gen Osten streift man auf der Front Street den Financial District mit seinen Bürotürmen, wirft einen Blick in die Straßenschlucht der Bay Street, der kanadischen Wall Street, kreuzt Yonge Street und besucht dann im lichten Brookfield Place die ❷ **Hockey Hall of Fame** (30 Yonge St., Mo. bis Fr. 10.00–17.00, Sa. 9.30–18.00, So. 10.30 bis 17.00 Uhr, 18 $). Kurz vor der Jarvis Street ist immer Markt: Im 19. Jahrhundert-Hangar des ❸ **St. Lawrence Market** (Front u. Jarvis St., Di.–Do. 8.00–18.00, Fr. 8.00–19.00, Sa. 5.00 bis 17.00 Uhr) bieten Bauern des Hinterlands ihre Produkte an. Die Yonge Street ist Torontos inoffizielle Hauptstraße. King Street wird überquert, auf ihr erreicht man die Theater und Konzerthallen im Entertainment District. Dann kommt Queen Street West: Wer hier links abbiegt, erreicht bald Queen Street Village. An Yonge und Queen St. West liegt das ❹ **Eaton Centre**, Torontos berühmtester Konsumtempel mit fast 300 Läden und einem guten Food Mart im Keller (220 Yonge St., Mo.–Fr. 10.00 bis 21.30, Sa. 9.30–21.30, So. 10.00–19.00 Uhr). An dessem Ende öffnet sich die Yonge Street zum ❺ **Dundas Square** (www.ydsquare.ca). Der von riesigen Werbeflächen gerahmte „Times Square Torontos" hostet öffentliche Konzerte, Filmvorführungen und andere Events.

Henry Moore in der Art Gallery of Toronto

Oben: beim Shoppingbummel in Yorkville.
Rechts: lichte Einkaufswelt(en) im mehrere
Blöcke einnehmenden Eaton Centre.

MUSEEN UND GALERIEN

Die **6 Art Gallery of Ontario TOPZIEL** (317 Dundas St., Di.–So. 10.00–17.30, Mi. bis 20.30 Uhr, Eintritt: 19,50 $, www.ago.net) birgt u.a. Werke der kanadischen Group of Seven, deren Mitglieder einst die kanadische Malerei emanzipierten, und der französischen Impressionisten. Noch rigoroser mit den Grenzen unserer Wahrnehmung spielt das **7 Museum of Contemporary Canadian Art** (158 Sterling Street, außerhalb des Kartenausschnitts, Di.–So. 11.00 bis 18.00 Uhr, Eintritt: Spende, www.mocca.ca) in West Queen West. Das **8 Royal Ontario Museum** (ROM, 100 Queens Park, tgl. 10.00 bis 17.30, Fr. 10.00–20.30 Uhr, Eintritt: 17 $) ist mit 6 Mio. Objekten zahlreicher Disziplinen das größte Museum des Landes. Nur wenige Hundert Meter entfernt zeigt das **9 Bata Shoe Museum** (Mo.–Mi. u. Fr./Sa. 10.00–17.00, Do. bis 20.00, So. 12.00–17.00 Uhr, Eintritt: 14 $, www.batashoemuseum.ca) über 10 000 Schuhe aus mehreren Jahrtausenden. Gegenüber vom ROM präsentiert das **10 Gardiner Museum** (111 Queen's Park, Mo.–Do. 10.00 bis 18.00, Fr. 10.00–21.00, Sa., So. 10.00–17.00 Uhr, Eintritt: 15 $, www.gardinermuseum.on.ca) grandiose Kreationen aus Porzellan.

EINKAUFEN

Kanadische Fashion-Designer bieten im **Eaton Centre** ihre Kreationen zu annehmbaren Preisen an. Exklusiver sind kanadische und internationale Labels in der Nobelmall **Hazelton Lanes** (www.hazeltonlanes.com) in Yorkville. Junge Start-ups präsentieren ihre Entwürfe in den kleinen Boutiquen von West Queen West, darunter **Anne Hung** (829 Queen St. West, Di. bis Fr. 12.30–19.00, Sa. 12.30–18.30, So. 12.00 bis 17.00 Uhr) und **Champagne & Cupcakes** (690 Queen St. W., tgl. 11.00–18.00 Uhr). Designer-Labels zu Niedrigstpreisen gibt es bei **Tom's Place** (190 Baldwin St., Mo.–Mi. 10.00 bis 18.00, Di.–Fr. 10.00–19.00, Sa. 9.00–18.00, So. 12.00–17.00 Uhr) in Kensington Market.

MUSIK

Indie-Bands spielen meist in West Queen West, etwa im **Drake Hotel** (www.thedrakehotel.ca) und im **Gladstone** (www.gladstonehotel.com) sowie in Kensington Market, z. B. im **Supermarket** (www.supermarkettoronto.com). Für Jazz-Acts geht man ins **Rex** (www.therex.ca)

und den **Distillery Historic District** (www.thedistillerydistrict.com). Tickets für Musicals, Opern und andere Veranstaltungen gibt es bei **T.O. TIX** (5 Dundas St., Di.–Sa. 12.00–18.30 Uhr, www.totix.ca). Mega-Rockkonzerte und die Baseballspiele der Toronto Blue Jays werden im größeren **Rogers Centre** veranstaltet. Die beste Akustik des Landes hat man im **Four Seasons Centre for the Performing Arts** (145 Queen St. West, Tel. 41 63 63 82 31), Torontos wunderbarem Opernhaus. Theater wie das **Princess of Wales** (300 King St. West, www.mirvish.com), das **Royal Alexandra** (260 King St. West, dito) und das **Ed Mirvish Theatre** (244 Victoria St., dito) führen Musicals auf, während das **Young Centre for the Performing Arts** (50 Tank House Lane, www.youngcentre.ca) und die **Canadian Stage Company** (26 Berkeley St., www.canadianstage.com) anspruchsvolle, oft kontroverse Kost präsentieren. Die **Roy Thomson Hall** (6 Simcoe St., Tel. 41 68 72 42 55) und das **Sony Centre** (1 Front St., Tel. 85 58 72 76 69) sind auf klassische, Jazz- und Rockkonzerte abonniert. Spaß für Groß und Klein wartet in **Ontario Place**, einem Vergnügungspark auf drei Inseln im Lake Ontario (www.ontarioplace.com). Einen oft auch politisch inkorrekten Blick hinter die Kulissen – und tief in die Stadtgeschichte – wirft man mit **Bruce Bell Tours** (s. Tipp S. 35).

FESTIVALS

Den Reigen der beliebtesten Festivals eröffnen Ende Januar die besten Restaurants der Stadt anlässlich **Winterlicious** (27.1.–9.2.) mit erschwinglichen Prix-fixe-Menüs. Mit Paraden, Konzerten und Partys feiert **Pride Week** (www.pridetoronto.com) Ende Juni das Coming Out der Stadt. Nahezu zeitgleich läuft in großen Sälen

und kleinen Kneipen das **Toronto Jazz Festival** (www.torontojazz.com). Für seine wilden Konzerte und farbenprächtigen Paraden berühmt ist das **Caribbean Carnival Festival** (www.TorontoCaribbeanCarnival.com) im Juli und August. Während des 10-tägigen **International Film Festival** (www.tiff.net) Anfang September fällt Hollywood in der Stadt ein. Ende September verwandeln anlässlich der **Nuit Blanche** (http://nuitblancheto.ca) mehrere Hundert Künstler die Plätze und Bürgersteige in eine einzige Bühne.

RESTAURANTS

Die meisten guten Restaurants befinden sich in Little Italy, West Queen West, Ossington Avenue, Roncesvalles, Distillery Historic District und dem Westrand der Downtown. Angesagte Essstuben: in Roncesvalles das auf Grillfleisch spezialisierte €€€ **Barque Smokehouse** (299 Roncesvalles Ave., Tel. 41 65 32 77 00) und € **Hopgood's Foodliner** (325 Roncesvalles Ave., Tel. 41 65 33 27 23), wo einfache Seafood-

Kanadisches Fashion-Design zu annehmbaren Preisen findet man im Eaton Centre.

Tipp

Architektur, ganz anschaulich

Der nüchterne Haupteingang zum Four Seasons Centre for the Performing Arts soll die Zugänglichkeit von Kunst signalisieren. Die futuristische Toronto City Hall stand für die Aufbruchstimmung der 1960er-Jahre. Und wo im Feinkostgeschäft Front Street Dominion Grocery heute die Tiefkühlkost ausliegt, verlief vor knapp 200 Jahren die Henrietta's Lane, Torontos Rotlichtviertel mit mehreren Dutzend Bordellen. Die **„Architecture Tours"** der Toronto Society of Architects sind informativ und machen Spaß. Vor allem öffnen sie die Augen für Details und die Geschichten hinter den Gemäuern. Die Touren werden von Architekten, Studenten oder auch von Künstlern begleitet.

WEITERE INFORMATIONEN UNTER
www.torontosocietyofarchitects.ca

und Fleischgerichte überraschend elegant präsentiert werden; in Ossington die gemütliche, seit fast 40 Jahren portugiesische Ribs, Grillhühnchen und Roastbeef servierende Nachbarschaftskantine € **Alex Rei Dos Leitoes** (219 Ossington Ave., Tel. 41 65 37 31 75), und im Distillery Historic District das €€€ **Boiler House** (55 Mill St., Tel. 41 62 03 21 21), das raffinierte, auf Fleisch und Geflügel konzentrierte Fusion Cuisine bietet. Einen festen Platz in Littly Italy hat das €€ **Bestellen Restaurant** (972 College St., Tel. 64 73 41 67 69), das kreativ mit klassischen Fleischgerichten spielt. Hamburger-Fans sollten das € **Burger's Priest** (1636 Queen St. W, Tel. 64 73 46 06 17) ansteuern, es gilt als bester Klöpse-Imbiss der Stadt.

UNTERKÜNFTE
Toronto bietet Unterkünfte aller Preisklassen. Im unteren Spektrum ist der zentral liegende € **Canadiana Backpackers Inn** (42 Widmer St., Tel. 41 65 98 90 90, www.canadianalodging.com) mit Doppelzimmern und Schlafsälen eine solide Wahl. Zwei Hotels mit Hip-Faktor sind das in West Queen West liegende €€€ **Drake Hotel** (1150 Queen St. West, Tel. 41 65 31 50 42, www.thedrakehotel.ca) und das weiter westlich gelegene €€€€ **Gladstone Hotel** (1214 Queen St. West, Tel. 41 65 31 46 53, www.gladstonehotel.com) mit seinen von Torontoer Künstlern eingerichteten Zimmern. Preiswerter und mitten in Chinatown liegt das funktionale €€ **Super 8 Hotel** (222 Spadina Ave., Tel. 64 74 26 81 18, www.super8toronto.com). Weniger Luxus, dafür eine zentrale Lage bietet auch das riesige €€ **Delta Chelsea** (33 Gerrard St. W., Tel. 41 65 95 19 75, www.chelseatoronto.com).

UMGEBUNG
Wortwörtlich vor der Haustür von Downtown liegen die **Toronto Islands**, eine Kette aus 14 durch Brücken und Dämme miteinander verbundenen Eilanden. Nur teilweise bewohnt, sind sie mit Spazierwegen durch Parks und Wälder ein beliebtes Naherholungsziel der Torontonians. Bei Besuchern wegen ihrer Aussichtspunkte auf die Skyline Torontos besonders beliebt sind **Centre Island** und **Ward's Island** (Fähren ab Queen's Quay, Tel. 41 63 97 26 28, www.torontoisland.com). Wenige Kilometer nördlich von Toronto zeigt in Kleinburg die **McMichael Canadian Art Collection** (10365 Islington Ave., tgl. 10.00–16.00 Uhr, Tel. 90 58 93 11 21, www.mcmichael.com) die Schlüsselwerke der legendären Group of Seven. Das Häuschen am See: Für die Torontonians sind die **Muskoka Lakes** (www.discovermuskoka.ca) ein Synonym für Erholung. Das war schon immer so, Orte wie Bracebridge (16 000 Ew.) und Gravenhurst (12 400 Ew.) mutierten deshalb zu noblen Resortstädtchen. Den besten Eindruck von dieser Seenlandschaft vermittelt eine Dampferfahrt ab Gravenhurst mit der historischen „RMS Segwun" (www.segwun.com).

INFORMATION
Tourism Toronto, 207 Queens Quay West, Suite 405, Tel. 41 62 03 26 00, www.seetorontonow.com

Genießen   Erleben   Erfahren

On the edge

DuMont Aktiv

Mit dem „Edge Walk" auf dem CN Tower hat Toronto den weltweit höchsten „Rundgang" dieser Art zu bieten: sicher nichts für Leute mit schwachen Nerven, aber garantiert eine Herausforderung für Adrenalin-Junkies!

Danach zittern einem die Knie. Vor dem ultimativen Adrenalin-Kick muss man aber erst einmal pusten: wie bei einer Verkehrskontrolle. Promille haben hier oben nämlich nichts zu suchen, und auch sonst sind dem Blick ins Bodenlose durchaus Grenzen gesetzt: Ganz allgemein sollte man physisch wie psychisch in bester Verfassung sein und sich auch von dem Gedanken nicht kirre machen lassen, dass einen hier oben eine fiese Böe in den Lake Ontario fegen könnte. Das alles vorausgesetzt, steht dem Spektakel nichts mehr im Wege: In Sechsergruppen, mit Karabinerhaken und Drahtseilen an einer über dem Edge Walk befestigten Führungsschiene gesichert, „walkt" man im Entenmarsch in 356 m Höhe einmal rund um den 553 m hohen Turm – freihändig im Freien!

Nur Fliegen ist schöner? Wie man's nimmt. Die vom Guide gestellten Aufgaben zu meistern, bleibt jedenfalls jedem selbst überlassen. Eine heißt „Toes over Toronto", eine andere „Titanic". Bei Ersterer stellt man sich so dicht an die Kante, dass die Schuhspitzen über den Gitterrost ragen. Bei Letzterer ... Nun ja, wer erinnert sich nicht an Kate Winslet am Bug des legendären Unglücksschiffs? Danach aber zittern einem garantiert die Knie!

Auf einen Blick

Die abenteuerlichen Rundgänge in schwindelerregender Höhe finden von Mai bis Oktober statt. Sicherheitsbriefing und Kleiderwechsel (ein Spezial-Overall wird gestellt) inklusive, dauert der Edge Walk anderthalb Stunden. Das Ticket kostet 175 $ und beinhaltet ein Erinnerungsvideo, ein Fotoalbum und ein Tagesticket zu den übrigen Attraktionen des CN Tower. Teilnehmer müssen mindestens 13 Jahre alt und bis 17 in Begleitung ihrer Eltern sein. Sie dürfen nicht weniger als 34, nicht mehr als 140 Kilo wiegen. www.edgewalkcntower.ca

Das schöne Glitzern

Von den Niagara Falls an der US-amerikanischen Grenze bis zu den arktischen Gebieten der Hudson Bay: Die zweitgrößte Provinz des Landes hat viele Gesichter. Am Trans Canada Highway im Süden und in Städten wie Ottawa spielt sich das gesellschaftliche Leben ab. Der weite und wilde Norden ist schwer zugänglich, besteht hauptsächlich aus dichten Waldgebieten und Seen: In der Sprache der Irokesen bedeutet Ontario „schönes" oder „glitzerndes Wasser", und tatsächlich prägt dieses schöne Glitzern die kanadische Provinz.

An der Waterfront: Kingston liegt etwa auf halbem Weg zwischen Toronto und Montréal am Ausfluss des Lake Ontario in den St.-Lorenz-Strom.

Goat Island, die Ziegeninsel, teilt die weltberühmten Wasserfälle in die bereits auf dem Staatsgebiet der USA liegenden American Falls (links im Bild) und die größtenteils auf kanadischem Gebiet liegenden Horseshoe Falls.

Am schönsten ist die Besichtigung der Niagarafälle mit den Katamaranen der Gesellschaft Hornblower, die ganz nah an die mit donnerndem Getöse herabstürzenden Wassermassen heranfahren.

Grenzverkehr: Von der Promenade in Windsor, ganz im Osten der Provinz Ontario gelegen, blickt man über den Detroit River hinweg auf die Downtown der US-amerikanischen „Motor City".

„Farewell old master
Don't come for me
I'm on my way to Ca-
nada / Where colored
men are free."

George W. Clark, „The Free Slave", um 1850

Wohin drängt es den Besucher, sobald er Toronto „abgehakt" hat? Zu den Niagarafällen natürlich! Die gewaltige Gischtwolke hat man womöglich schon vom CN Tower aus gesehen. Dass man nur einer von elf oder zwölf Millionen Besuchern pro Jahr sein wird, stört nicht weiter: Die Niagarafälle sind ein majestätisches Naturschauspiel! Nicht ihre Höhe ist es, die berauscht – die schieren Wassermassen sind es, die aus mehr als 50 Metern Höhe über die 800 Meter lange Kante der Horseshoe Falls in die Tiefe rauschen: etwa 150 Millionen Liter pro Minute im Sommer. Betrachtet man das Spektakel von der Aussichtsterrasse vier Meter über der Abbruchkante aus, so spürt man sofort den unwiderstehlichen Sog der Wassermassen. Nicht weniger beeindruckend ist die Kreativität, die aufgewendet wurde, um dem tosenden Inferno besichtigend näher zu kommen. Am schönsten ist die Besichtigung in einem Katameran der Hornblower-Flotte.

Gefangen am Lake Superior

Eigentlich hatten sie es recht gut. Sie bekamen drei Mahlzeiten pro Tag und durften Vereine gründen. Sie begleiteten die kanadischen Holzarbeiter den Little Pic River hinauf und fällten unbeaufsichtigt Bäume. Auch im Lager war die Bewachung eher lasch. Wohin hätten sie

auch fliehen sollen? – Mehr als 70 Jahre ist das nun her. Wo damals die Baracken der deutschen Kriegsgefangenen standen, wächst heute lichter Kiefernwald. Vom Neys Camp 100 ragen nur noch die Fundamente der Wassertürme aus der dünnen Erdkrume. Seit 1965 ist das Gelände auf der Coldwell Peninsula am Lake Superior ein Provinzpark mit gelbem Sandstrand, Campingplätzen und ein paar vorgelagerten Inselchen. Eine herbschöne Idylle mit Weit-weg-von-allem-Gefühl. Denn auch, wenn heute der Trans-Canada-Highway hier vorbeiführt: Der Neys Provincial Park liegt ziemlich weit ab vom Schuss. Und doch befindet er sich in der Provinz Ontario, die nicht nur die höchste Bevölkerungsdichte des Landes aufweist, sondern auch das Herzstück der kanadischen Wirtschaft und einen der wettbewerbsstärksten Industriestandorte markiert. Nur: Hier oben am größten der Großen Seen ist das alles immer noch sehr weit weg.

Spurt durch die Historie

Welch rasantes Wachstum! Dabei verharrte Ontario noch als *Wild Frontier* Neu-Frankreichs, als in den Atlantikprovinzen längst die besten Schiffe der Ostküste gebaut wurden. Erst mit dem Sieg der Briten über die Franzosen 1764 rückte das Gebiet ins Visier der Krone. Nach

Niagara-on-the-Lake: Das Bilderbuchstädtchen lädt in der Queen Street zum Einkaufsbummel ein und erinnert im Ende des 18. Jahrhunderts angelegten Fort George an die blutigen Auseinandersetzungen zwischen den hiesigen britischen und den US-amerikanischen Truppen.

Edle Tropfen werden in den Southbrook Vineyards, ebenfalls in Niagara-on-the-Lake, angeboten und verkostet – sogar mit biologisch-organischem Zertifikat.

Über Kingstons Waterfront erhebt sich die City Hall: Der ausladende Kuppelbau wurde 1841 in der Erwartung errichtet, dass die Stadt nach der Zusammenlegung der beiden Provinzen Upper und Lower Canada länger Kapitale bliebe. Drei Jahre später ging diese Ehre an Montréal.

der Unabhängigkeit der USA ließen sich zudem über 10 000 Loyalisten in Britisch-Nordamerika nieder. Sie bildeten den Kern der fortan stetig wachsenden Bevölkerung und formten auch den kanadischen Nationalcharakter fleißig mit. Bis zum Jahr 1900 trieben dann Einwanderer aus dem Vereinigten Königreich, vor allem aus Irland, die Bevölkerungszahlen in die Höhe. Das bis dahin ländliche Ontario diversifizierte und begann Maschinen und Textilien zu produzieren. Bald hatte Ontario über zwei Millionen Einwohner, denen – dank der Erschließung der Prärien – ein gewaltiges Hinterland offenstand. Toronto, Provinzhauptstadt und in Reichweite der profitablen Märkte der US-amerikanischen Ostküste, blühte. Mit der Gründung der

Hydro-Electric Power Commission, der Vorläuferin der heutigen Elektrizitätsgesellschaft Ontario Hydro, wurden die ersten Stromkabel von den Wasserkraftwerken in den Niagara Falls aus verlegt – und damit auch die Weichen für die Entwicklung des größten Industriesektors Kanadas geschaffen.

Kanadas Powerhouse

Heutzutage genießt Ontario dank seiner breiten Basis aus global operierenden Finanzdienstleistern, Biotech-, Luft- und Raumfahrt- sowie Chemie- und Pharmaunternehmen einen guten Ruf. Die „Musik" spielt im dicht besiedelten, „Golden Horseshoe" genannten Ballungsraum am Westende des Lake Ontario. Sechs der größten Automobilunternehmen betrei-

ben hier wie im Raum Windsor an der Grenze zu Detroit Werke, 40 Prozent aller großen kanadischen Unternehmen unterhalten hier ihr Hauptquartier. Die Landwirtschaft im Süden und im Tiefland des St.-Lorenz-Stroms bleibt bedeutend. Im Norden wird der Abbau von Rohstoffen wie Zink und Kupfer immer wichtiger. Die Forstindustrie, einer der bedeutendsten Wirtschaftszweige in einer Provinz, in der auf jeden Einwohner 6500 Bäume kommen, beschäftigt 80 000 Menschen. Neben Bauholz und Holzbrei für die Papierherstellung investiert Ontario in die Herstellung umweltverträglicher Brennstoffe: 2011 eröffnete der erste Hersteller von Biopellets ein Werk, einem Brennstoff aus Hackspänen und Sägespänen, der sich auch zur Stromerzeu-

Schifferidyll am Trent-Severn Waterway nahe Trenton

Markanter Blickfang in Ottawa sind ...

Zimmer mit Aussicht? Oder doch ein ganz gewöhnliches
Starbucks-Café in Ottawa?

... die grünen Kupferdächer der Regierungsgebäude auf dem Parliament Hill.

Die Totempfähle der First Nations in der Grand Hall des Canadian Museum of History in Ottawas Schwesterstadt Gatineau reichen hoch bis zur Decke.

gung verwenden lässt. Zwei Jahre zuvor hatte das Provinzparlament mit dem „Green Energy Act" ein Umweltprogramm verabschiedet, das den Einsatz erneuerbarer Energien beschleunigte.

Wahre Größe

Ansonsten streifen alle Gespräche über Ontario früher oder später die ausladende Geografie. Beispiel: Auf der Niagara-Halbinsel wie auf Pelee Island im Lake Erie werden auch hochwertige Riesling-, Eis- und Chardonnay-Weine produziert! Wein in Kanada? Dazu muss man sich vergegenwärtigen, dass diese Anbaugebiete auf gleicher Höhe liegen wie Oberitalien und durch ein von den Großen Seen erzeugtes Mikroklima begünstigt werden.

Ontario ist über eine Million Quadratkilometer groß – so groß wie Frankreich und die Bundesrepublik Deutschland zusammengenommen, nur dass in diesen beiden Ländern 147 Millionen Menschen wohnen und in Ontario 13. Rund 80 Prozent bevölkern das Dreieck zwischen Lake Ontario, Erie und Huron sowie das Sankt-Lorenz-Tiefland, und davon wiederum wohnen die meisten im „Golden Horseshoe" rund um Toronto.

Tradition und Toleranz

Ontario ist durch und durch kanadisch. Das zeigt sich auch daran, dass Kanadier gern über ihre Identität nachgrübeln. Fragen wie: „Wer sind wir?" oder: „Was unterscheidet uns von den US-Amerikanern?" sind typisch kanadisch. Im Süden der Provinz warten überraschende Antworten: Die fruchtbare, mit Kleinstädten nicht übermäßig stark gespickte Landschaft zwischen Lake Huron und Lake Erie erlaubt immer wieder faszinierende Einblicke in die Vergangenheit. Es beginnt damit, dass eine Autostunde westlich von Toronto friedliche Fundamentalisten in schwarzen Pferdekutschen durch eine üppig grüne Hügellandschaft zuckeln. Puppenstuben wie Elmira und West Montrose liegen hier, überdachte Brücken und Farmen ohne Stromversorgung, und St. Jacobs, der Hauptort der

Bei Stratford: Morgenstimmung am Avon River.

St. Jacobs mit seinem Farmers' Market ist der Hauptort der den Amischen nahestehenden
Alt-Mennoniten, die alle technischen Neuerungen ablehnen.

Ina und Fiona in Balzac's Coffee (Stratford).

Friedliche Fundamentalisten: Alt-Mennoniten in der Nähe von St. Jacobs.

Nadelöhr

Hier mussten sie alle durch: Der French River liegt vier Stunden nördlich von Toronto in der typischen Wald- und Felsenlandschaft des Kanadischen Schilds.

Mehr ein 105 Kilometer langes Labyrinth aus natürlichen Kanälen, Seen, Buchten und Inseln als ein Fluss, verbindet der French River den Lake Nippising mit der Georgian Bay. Seine Geschichte reicht viele Tausend Jahre zurück. Als Teil der wichtigsten Kanuroute nach Westen sah er Indianer und Missionare, Entdecker und Pelzhändler.

Alt-Mennoniten. Es gibt schläfrige viktorianische Schönheiten aus rotem oder gelbem Backstein, allen voran Stratford, das an einem Fluss namens Avon liegt und wie sein Namensvetter in good ol' England ein höchst renommiertes Shakespeare Festival ausrichtet: mitsamt lokalem Klatsch-Blog, das beispielsweise darüber informiert, wo und mit wem der Shakespeare-Recke Christopher Plummer abends geflirtet hat und ob Stratford-Homeboy Justin Bieber nun doch noch einmal bei seiner Lieblings-Pommesbude vorbeischauen wird oder nicht.

Im tiefen Süden

Ontario hat sogar einen tiefen Süden – mit vielen Highlights. In den schier endlosen Maisfeldern kurz vor dem Lake Erie stößt man irgendwann auf North Buxton, ein verloren wirkendes Kaff wie so viele andere hier, mit einem kleinen Museum, in dem die Buxtoner Relikte ihrer Vergangenheit zusammentrugen: Pacht- und Landkaufverträge genauso wie „Wanted"-Steckbriefe, Fußketten und Handschellen – für Kinder. Denn die Vorfahren der Buxtoner waren Sklaven. Zwischen 1830 und 1865 gelang ihnen die Flucht von Louisiana nach Kanada, wo die Sklaverei verboten war. Ermöglicht wurde ihre gefährliche Odyssee durch die sogenannte Underground Railroad: ein geheimes Fluchthelfernetzwerk, das vom Golf von

Mexiko bis zu den Großen Seen reichte. Bis 1865 zählte North Buxton über 2000 schwarze Einwohner, danach kehrten die meisten zurück in die USA. Viele Buxtoner aber blieben – wie Josiah Henson, der nördlich von hier lebte. Dessen abenteuerliche Geschichte inspirierte die Autorin Harriet Beecher-Stowe (1811 bis 1896) zu ihrem berühmten Anti-Sklaverei-Roman „Onkel Tom's Hütte". Henson selbst veröffentlichte 1849 seine Autobiografie mit dem Titel „The Life of Josiah Henson, Formerly a Slave, Now an Inhabitant of Canada, as Narrated by Himself". In North Buxton gründete er Kanadas erste Berufsschule für Schwarze, sein Haus ist Teil der bis heute von seinen Nachfahren geführten Uncle Tom's Cabin Historic Site.

Geordnete Verhältnisse

Land so flach wie holländische Polder, schwüle Wärme, bluesverdächtig: Unkanadischer, so scheint es, geht's nimmer. Im Point Pelee National Park, dem südlichsten Punkt des kanadischen Festlands, wachsen sogar Maulbeer-Feigen, Walnussbäume – und Kakteen! Und dennoch: Nirgendwo ist Kanada kanadischer als in Süd-Ontario. Anders als in den übrigen Provinzen bezeichnen sich die Menschen hier zunächst als Kanadier. Der Stolz, zu einem der beiden Gründervölker zu gehören, ist darin ebenso un-

Land der Seen, Land der Flüsse: Ausflug mit dem Dampfschiff Segwun auf dem Lake Muskoka.

Unterwegs am Trent-Severn Waterway, wird bei Peterborough ...

... das größte hydraulische Schiffshebewerk der Welt passiert.

Paddeln im Point Pelee National Park, am südlichsten Punkt des kanadischen Festlands.

überhörbar wie die noch immer tief empfundene Bindung zu England. Besonders in rotziegligen Beauties wie Peterborough oder Kingston, wo die Hauptstraßen wie eh und je King-, Queen- oder George-Street heißen und zum Victoria Day der Union Jack gehisst wird, ist das noch immer so. Tatsächlich konnten diese Loyalisten – in den aufmüpfigen USA geteert und gefedert, weil sie geordnete Verhältnisse wesentlich lieber mochten als heißblütige Rebellen – die kanadische (dem Kompromiss eher als der Konfrontation zuneigende) Psyche entscheidend mitprägen.

Die zugängliche Hauptstadt

So betrachtet ist Ottawa die kanadischste Stadt des Landes. Die Bundeshauptstadt liegt symbolisch für den permanenten, bis heute notwendigen Balanceakt zwischen den Gründervölkern auf der Sprachgrenze zwischen Englisch- und Französisch-Kanada. Hieß es noch bis in die 1990er-Jahre, das Beste an Ottawa sei der Zug nach Montréal, so schwärmen heutige Reiseführer von einer so liebens- wie lebenswerten Bundeshauptstadt. Die Restaurants und Musikkneipen von Byward Market halten locker mit denen in Toronto mit. Sperrstunde ist um 2.00 Uhr morgens, und die Palette der Unterkünfte reicht vom Ottawa Jail Hostel, einem früheren Gefängnis (siehe Unsere

Favoriten, S. 20/21), bis zu hippen Boutiquehotels wie dem The Arc Hotel, wo beim Einchecken Champagner gereicht wird. Ottawa rühmt sich aber auch, die einzige Hauptstadt der Welt zu sein, in der man in zwanzig Minuten mit dem Fahrrad in die Wildnis radeln kann …

Die Natur vor der Haustür

„Ontario" bedeutet in der Irokesensprache „glitzerndes Wasser": Wer es sich leisten kann, besitzt ein Häuschen an einem der vielen Seen, mit Bootshaus und am besten im *Cottage Country*: So heißt das mondäne Feriengebiet der vom Kanadischen Schild geprägten Muskoka-Seenplatte nördlich von Toronto. Wer lieber mobil bleibt, hängt einen Trailer mit Kanu hinter seinen Wagen und fährt auf dem Highway 400 so lange nach Norden, bis die Muskokas der rauen Wildnis weichen. Der berühmte Algonquin Provincial Park ist ein Dorado für Kanuwanderer, der fotogene Killarney Provincial Park am Nordende des Lake Huron ein Paradies für Paddler, Segler, Wanderer und Maler. Die Sandstrände am Lake

Huron sind bei jungen Familien beliebt. Wer mehr Zeit hat, visiert den wilden Lake Superior an. Zehn Autostunden sind es von Toronto bis Sault Ste. Marie, 19 bis Thunder Bay am Westende des mit 82 000 Quadratkilometern größten Binnengewässers der Welt. An seinen ruppigen Gestaden warten kleine Nester und grandiose Wildnisgebiete wie der Neys Provincial Park: Bei Kriegsende, informiert das dortige Besucherzentrum, hätte es eine regelrechte Massenflucht unter den deutschen Kriegsgefangenen gegeben. Ein paar gruben Tunnel und stellten Seitenschneider aus Bettgestellen her, um Löcher in die Drahtzäune zu schneiden. Einer versuchte sogar die Flucht

Auf jeden Einwohner Ontarios kommen 6500 Bäume.

über den zugefrorenen Lake Superior, auf selbstgebastelten Schlittschuhen. Alles vergebliche Liebesmüh. Am Ende kehrten sie halb verhungert und von Ungeziefer zerstochen in die Gefangenschaft zurück. – Und warum das alles? Ranger mutmaßen, wenngleich augenzwinkernd, dieses Fleckchen Erde sei eben immer schon viel zu schön gewesen, um ihm den Rücken zu kehren.

FIRST NATIONS

Die Kinder des Großen Geistes

*Mit weit über 300000 Menschen leben rund 20 Prozent der indigenen
Bevölkerung Kanadas in Ontario. Viele der in Kanada offiziell
„First Nations" genannten Stämme veranstalten farbenprächtige,
„Pow Wow" genannte – Zusammenkünfte. Weiße sind
willkommen. Um zu sehen – und um zu lernen.*

Die Turnhalle im Reservat Wikwemikong auf Manitoulin Island ist brechend voll. Ein Pow Wow findet statt. Dicht gedrängt stehen Männer, Frauen und Kinder an den Spielfeldrändern. In der Mitte sitzen Männer um riesige Trommeln. Auf ein Zeichen des Conférenciers legen sie los, traktieren die Felle in jenem wummernden Viervierteltakt, den man aus den alten Cowboy- und Indianerschinken Hollywoods kennt. Die Hosenbeine vibrieren, der Sound geht unter die Haut. Dann dringen aus den Kehlen der Trommler plötzlich Töne wie aus einer anderen Zeit. „Heja, heja, bevor ihr Weißen kamt, hörte man unsere Klänge von Küste zu Küste, heja, in den Wäldern, in den Bergen, der endlosen Prärie." Wir sind stolz auf unsere Kultur, scheinen sie zu sagen, und heute spielen wir für unsere Korea-Veteranen.

Wo Manitou entspannt

Manitoulin, eine Insel im Huronsee in der Provinz Ontario, ist die Insel des „Großen Geistes". Der Schöpfungsgeschichte der Ojibwa-Indianer zufolge entspannt Manitou sich hier, seit er die Welt und die Menschen erschaffen hat. Das 2766 Quadratkilometer große, den Lake Huron von der Georgian Bay trennende Eiland ist in der Tat ein überaus einnehmender Ruhesitz. Die Wälder, durch die Wölfe und Schwarzbären streifen, sind sattgrün, die Wasser tiefblau. Abends leuchten die Schären im Insellabyrinth des North Channel rot, während die

auf dem Festland dahinter aufsteigenden LaCloche Mountains noch eine Weile weiß schimmern. Mehr als 12000 Menschen leben hier, rund 40 Prozent davon sind Ureinwohner von den Stämmen der Ojibwa, Odawa und Potawotami. Den „People of the Three Fires", wie sie sich auch nennen, geht es gut – nicht zuletzt dank Waubetek, einer von ihnen selbst geführten Business Development Corporation, die u.a. Kredite an die indianisch geführten Unternehmen der Insel vergibt.

An „rotem" Selbstbewusstsein mangelt es auf Manitoulin Island nicht. Doch das war nicht immer so. Auch wenn in Kanada keine Indianerkriege stattgefunden haben: Unter Entwurzelung und Entrechtung litten Kanadas Ureinwohner ebenso wie ihre Stammesbrüder südlich der Grenze.

Katastrophale Zustände

Im 19. Jahrhundert wurden sie zunächst mithilfe von Verträgen, deren Tragweite sie nicht verstanden, in Reservate abgedrängt. Dann versuchte die Regierung, sie zu Weißen zu machen. Gesetze wie der „Gradual Civilization Act" von 1857 ebneten den Weg zu den kirchlich geführten „Residential Schools". Dort wurde den gegen den Willen ihrer Eltern in diese oft Tausende Kilometer entfernten Internate gesteckten Kinder mit aller Macht das Indianersein ausgetrieben. Die Benutzung ihrer Muttersprache wurde ihnen verboten, Kontakt zu den Eltern untersagt. Zahlreiche Sprachen starben deshalb aus. Kehrte ein

Für die traditionellen Pow Wows schmücken sich die First Nations aufwendig und tragen zum Teil auch Masken.

An „rotem" Selbstbewusstsein mangelt es auf Manitoulin Island nicht. Doch das war nicht immer so.

Die Bezeichnung „Indianer" geht auf Kolumbus zurück, der irrtümlich annahm, Indien entdeckt zu haben. „First Nations" ist seit den 1970er-Jahren ein Überbegriff für die kanadischen Indianervölker.

Teenager nach dem Schulabschluss in sein Reservat zurück, war die Verständigung oft nicht mehr möglich.

Bald lag die Sterblichkeitsrate in den Schulen um ein Vielfaches über dem Landesdurchschnitt. Der Grund: Die gesunden Schüler nahmen gemeinsam mit tuberkulosekranken Kindern am Unterricht teil. Zum Alltag gehörte auch physische Gewalt, Zwangsarbeit und sexueller Missbrauch durch Lehrpersonal und andere Schüler.

In den 1950er-Jahren gab es in Ontario insgesamt 69 solcher Schulen mit mehr als 11 000 Kindern. Im Jahr 1969 konnte die Regierung nicht länger die Augen vor den katastrophalen Zuständen verschließen und übernahm die Einrichtungen selbst. Doch erst im Lauf der Neunzigerjahre wurde das ganze Ausmaß der Missstände publik. Untersuchungskommissionen dokumentierten die physischen und psychischen Übergriffe auf die Schüler, im Jahr 1996 wurde die letzte Schule in Saskatchewan geschlossen, und zwei Jahre später entschuldigte sich die Bundesregierung schließlich offiziell bei den First Nations für das ihnen angetane Unrecht. Seither ist man mit einem knapp zwei Milliarden Dollar teuren Hilfsprogramm um Wiedergutmachung bemüht. Den angerichteten Schaden kann dies allerdings nur lindern helfen.

Ein ergreifendes Spektakel

Eine Tür geht auf. Köpfe drehen sich, Mütter ziehen ihre Kinder vom Spielfeld. Das Gewummer der Trommeln wird wieder lauter. Stolz kommen die Korea-Veteranen herein, gebrechlich die meisten und manche im Rollstuhl, aber viele noch rüstig genug, um bella figura zu machen. Viel Zeit haben sie gebraucht, um sich in Schale zu werfen. Das ergraute Haar offen und mit Federn geschmückt, tanzen sie mit ernster Miene in perlenbestickten Lederleggins und prächtigen Federmänteln um die Trommler. Dann kommen die Krieger. Junge, stolze, lanzenschwingende Männer, die sich wild im Kreis drehen und Scheinattacken gegen die Zuschauer fahren. Ein unter die Haut gehendes, ergreifendes Spektakel. Ein Anfang ist gemacht. Doch bis all die Wunden verheilen, braucht es wohl noch viel Zeit.

Buchtipps

....

Werner Arens und Hans-Martin Braun, *Die Indianer Nordamerikas. Geschichte, Kultur, Religion*, Verlag C.H.Beck

Thomas Jeier, *Die ersten Amerikaner. Eine Geschichte der Indianer*, Deutsche Verlags-Anstalt

Thomas Jeier und Christian Heeb, *Indianer. Mythen und Legenden*, Verlagshaus Würzburg - Stürtz

Auf Manitoulin Island war das „Pow Wow" – traditionell weit mehr als „nur" eine Tanzveranstaltung – von 1930 bis in die 1970er-Jahre verboten. Trommeln, Friedenspfeifen, Amulette: Alles, was mit den alten Glaubensvorstellungen und Ritualen zu tun hatte, wurde beschlagnahmt und verbrannt.

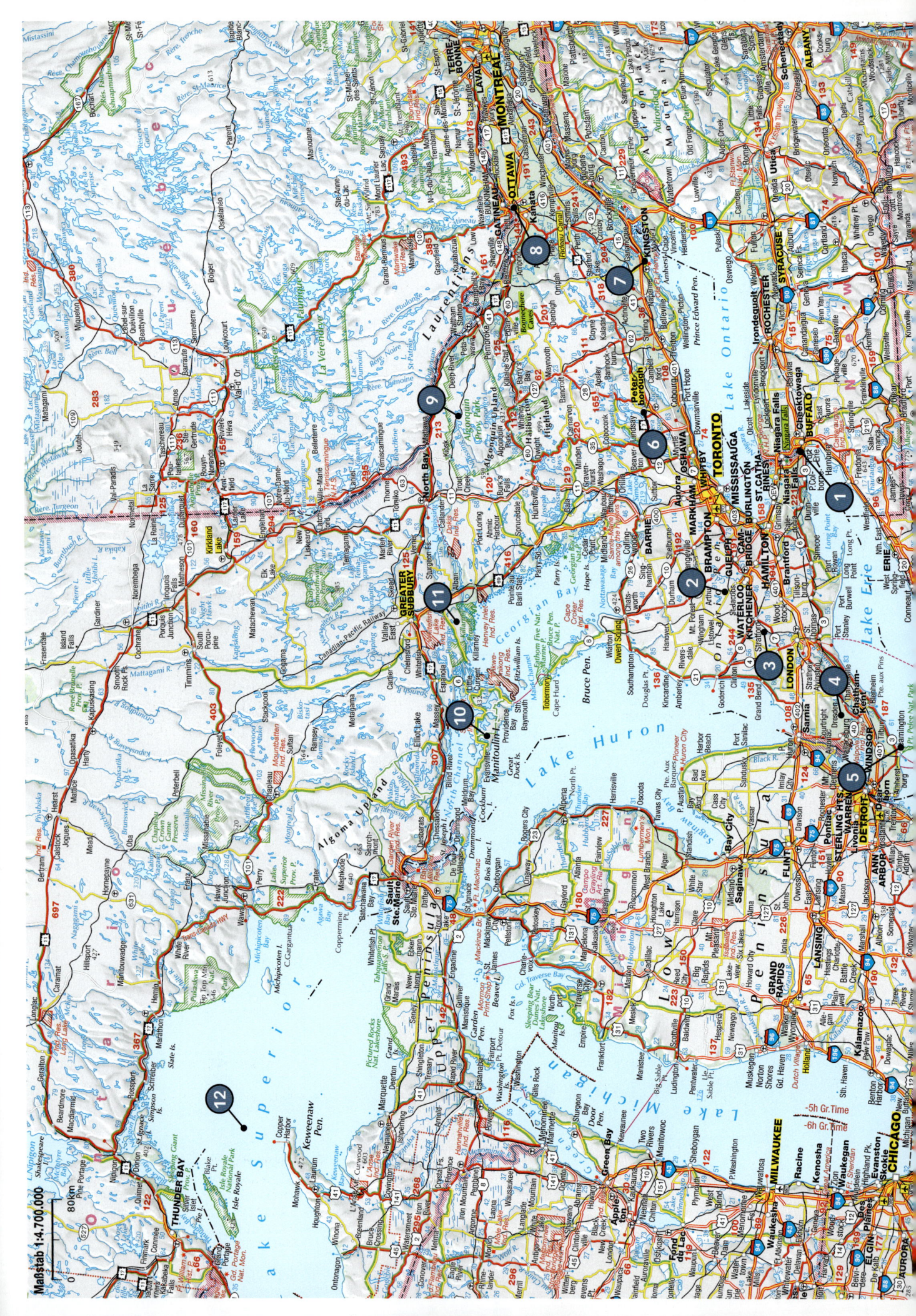

Kultur und Wildnis satt

Vom ländlichen Süden zur Wildnis im Norden, von sanften Fundamentalisten in altertümlichen Pferdedroschken zu tanzenden First Nations: Ontario bietet dem Besucher (fast) ganz Kanada in einer einzigen Provinz.

❶ Niagara Falls

Niagara Falls (83 000 Ew.) hat viel erlebt. Heute suchen Kasinos und billiger Nepp die Touristenströme umzuleiten, mit wenig Erfolg: Die **Niagarafälle TOPZIEL** bleiben die Hauptattraktion.

SEHENSWERT
Von der Terrasse über der Kante hat man den besten Blick. Den „Niagara Daredevils", die die Fälle in Fässern befahren, widmet sich die **Dare devils Gallery** (tgl. 9.00–21.00 Uhr) im Niagara IMAX Theatre (6170 Fallsview Blvd.). An Bord der **Katamarane** von Hornblower ist die Besichtigung am spektakulärsten (Hornblower Cruises, 5920 Niagara Parkway, April–Nov. 9.00 bis 22.00 Uhr, www.niagaracruises.com).

UMGEBUNG
Rund 20 km nördlich liegt das von Weinfeldern umgebene **Niagara-on-the-Lake** (15000 Ew.). Das hübsche Städtchen hostet das Shaw Festival (April–Okt.). Cafés und koloniale Residenzen säumen die Queen Street. Am Niagara River starten Jet-Boote-Trips zu den Stromschnellen (61 Melville St., www.whirlpooljet.com).

INFORMATION
Niagara Falls Tourism, 5400 Robinson St., Niagara Falls, Tel. 90 53 56 60 61, www.niagarafallstourism.com

❷ St. Jacobs

Das Städtchen ist ein Zentrum der alle Neuerungen ablehnenden Alt-Mennoniten.

SEHENSWERT/MUSEUM
An der **King Street** liegen Kunsthandwerksläden und Restaurants. **The Mennonite Story** (1406 King St. North, Mo.–Sa. 11.00–17.00, So. 13.30–17.00 Uhr) informiert über Mennoniten. Der **St. Jacobs Farmers Market** ist einer der größten des Landes (Di. 8.00–15.00, Do. u. Sa. 7.00–15.30 Uhr, www.stjacobs/farmers-market).

HOTEL
Mitten drin: das gemütliche € € **Stone Crock** (1396 King St., Tel. 51 96 64 22 86, www.stone crock.ca).

INFORMATION
St. Jacobs Country, 1386 King St., Tel. 51 96 64 11 33, www.stjacobs.com

Tipp

Niagara by bike

Radtour an Kanadas schönster Grenze: Ein wenig treten, dann ausfahren und genießen. Unten tobt der Niagara River durch sein felsiges Korsett. Oben lassen sich die Weinfelder von der Sonne streicheln. Ein altes Fort, ein Dorf im Dornröschenschlaf, ein Denkmal mit fantastischer Aussicht: Selten ist Radfahren schöner! Der asphaltierte Niagara River Recreation Trail begleitet den Niagara River vom Fort George vor den Toren von Niagara-on-the-Lake bis zum 53 km entfernten Fort Erie.

INFORMATION
Räder mietet man in Niagara-on-the-Lake bei Zoom Leisure, die auch den Rücktransport arrangieren können (www.zoomleisure.com).

❸ Stratford

Stratford (3100 Ew.) ist für sein Shakespearefestival (www.shakespearefestival.ca) berühmt. Theater und Trendrestaurants findet man in der viktorianischen Beauty an der Ontario Street.

RESTAURANT/HOTEL
Theaterleute beim Absacker sieht man im € € / € € € **Down the Street** (30 Ontario St.,

Oben links: Blick auf die Niagarafälle von der kanadischen Seite. Oben: Stillleben auf dem St. Jacobs Farmers Market.

Tel. 51 92 73 58 86, www.downthestreet.ca), dem für seine raffinierte Küche bekannten Szenetreff. Nur ein paar Schritte sind es vom romantischen € / € € **Stone Maiden Inn** (123 Church St., Tel. 51 92 71 71 29, www.stonemaideninn.com) zu den Bühnen.

INFORMATION
Stratford Tourism Alliance, 47 Downie St., Tel. 1-800 5 61 79 26, www.visitstratford.ca

❹ Dresden

178 km südwestlich von Stratford liegt dieses ländlich geprägte Städtchen.

SEHENSWERT
Die **Uncle Tom's Cabin Historic Site** erinnert an Josiah Henson, dessen Erinnerungen auch den Anti-Sklaverei-Roman „Onkel Tom's Hütte" inspirierten (29251 Uncle Tom's Rd., Mai–Okt. Di.–Sa. 10.00–16.00, So. 12.00–16.00 Uhr, Eintritt: 7 $, www.uncletomscabin.org).

Oben: wilde Verfolgungsjagd in Fort Henry (Kingston). Rechts: im Glashaus – die National Gallery of Canada in Ottawa.

❺ Point Pelee National Park

Der **Point Pelee National Park** (Apr.–Okt. 6.00–22.00, sonst 7.00–19.00 Uhr, www.pc. gc.ca) ist während der Vogelmigrationen Ziel Zehntausender Birdwatcher. Am Südende liegt Point Pelee, Festland-Kanadas südlichster Punkt, weiter nordwestlich blickt man von **Windsor** schon hinüber nach Detroit/USA.

HOTEL
Im €€/€€€ **Best Western Plus Leamington Hotel and Conference Center** (566 Bevel Line Rd., Tel. 51 93 26 86 46, www.peleemotorinnhotel. com) gibt es auch Pool, Wasserpark, Restaurant.

❻ Peterborough

Die sympathische Uni-Stadt (120 000 Ew.) ist das Tor zu den Kawartha Lakes. Einen Besuch lohnt das **Canadian Canoe Museum** (910 Monaghan Rd., Mo.–Mi. u. Fr. 10.00–17.00, Do. bis 20.00, So. 12.00–17.00 Uhr, Eintritt: 10,50 $, www.canoemuseum).

RESTAURANT/UNTERKUNFT
Das €€€ **Rare Grill House** (166 Brock St., Tel. 70 57 42 37 37) ist etwas für Fleischesser, italienische Gerichte serviert das €€ **Brio Gusto** (182 Charlotte St., Tel. 70 57 45 61 00). Fünf Minuten sind es vom €€/€€€ **Holiday Inn Peterborough Waterfront** (150 George St., Tel. 70 57 43 11 44, www.holidayinn.com) zu den George-Street-Restaurants.

INFORMATION
Peterborough & the Kawarthas Tourism, 1400 Crawford Dr., Tel. 70 57 42 22 01, www. thekawarthas.ca

❼ Kingston

Das alte „King's Town" (164 000 Ew.), heute Kingston, begann als französisches Fort und wäre einmal fast Provinzhauptstadt geworden.

SEHENSWERT/UMGEBUNG
An der Ontario Street erinnern herrschaftliche Gebäude an die alte Zeit. **Fort Henry** (Fort Henry Dr., Mai–Sept., Eintritt: 18 $, www.forthenry.com) bietet Touren durch die Kasematten an und ein kleines Museum. Im **Bellevue House** (35 Centre St., April–Okt. tgl. 10.00–17.00, Eintritt: 3,90 $), dem Wohnsitz des ersten kanadischen Premierministers, Sir John A. Macdonald, erinnert eine Ausstellung an diesen Architekten der Unabhängigkeit. Bei **Morrisburg** (79 km südöstl.) entführt das **Upper Canada Village** (13740 CR 2, Mai–Okt., tgl. 9.30–17.00 Uhr, Eintritt: 19 $) in die Ära der Loyalisten.

RESTAURANTS/UNTERKUNFT
Im €€ **Bistro Chien Noir** (69 Brock St., Tel. 61 35 49 56 35) gibt es französische Bistro-Klassiker, im €€/€€€ **Casa Domenico** (35 Brock St., Tel. 61 35 42 08 70) feine italienische Küche. Im €€€ **Secret Garden Inn** (73 Sydenham St., Tel. 61 35 31 98 84, www.the secretgardeninn. com) nächtigt man in Himmelbetten.

INFORMATION
Tourism Kingston, 945 Princess St., Tel. 61 35 44 27 25, www.kingstoncanada.com

❽ Ottawa

1857 bestimmte Queen Victoria den Ort am Ottawa River zur Hauptstadt der Province of Canada, 1867 wurde Ottawa Hauptstadt der Konföderation Kanada.

SEHENSWERT/MUSEEN
Zum Besichtigungsprogramm gehören die **Parlamentsgebäude** auf dem Parliament Hill. Der angrenzende Wochenmarkt wartet mit exzellenter Gastronomie auf. Von hier sind es nur Minuten zur **National Gallery of Canada** (380 Sussex Dr., Mai–Sept. tgl. 10.00–17.00, Do. bis 20.00, sonst Di.–So. 10.00–17.00 Uhr, www.gallery.ca, Eintritt: 12 $). Das **Canadian Museum of History** (100 rue Laurier, tgl. 9.00–18.00 Uhr, www.historymuseum.ca, Eintritt: 15 $) in der (zu Québec gehörenden) Schwesterstadt Gatineau ist über die Alexandra Bridge erreichbar.

RESTAURANTS/UNTERKUNFT
€ **Your World Burger** sortiert seine Hamburger nach Städtethemen wie Athen und Paris – der Ottawa Burger kommt typisch kanadisch über die Theke: mit Ahornsirupmayonaise, gedünsteten Pilzen und Zwiebeln, kandiertem Speck und Cheddarkäse (1651 Merivale Rd., Tel. 61 36 95 45 45, www.yourworldburger.com). Saisonal frische, regionale Zutaten bereitet man im €/€€ **Occo Kitchen** (3018 St. Joseph Blvd., Tel. 61 34 24 77 00) zu. Fein: das €€€ **Courtyard Restaurant** (21 George St., Tel. 61 32 41 15 16) in Byward Market. Das €€/€€€ **Lord Elgin** (100 Elgin St., Tel. 61 32 35 33 33, www. lordelginhotel.ca) ist ein erschwingliches Grand Hotel, empfehlenswert auch das Suitenhotel €/€€ **Cartier Place** (180 Cooper St., Tel. 61 32 36 50 00, www.suite dreams.com).

UMGEBUNG
Bei **Beachburg** (130 km nordwestl.) liegt das beste Raftingrevier im Osten Kanadas. Wilderness Tours (503 Rafting Rd., www.wilderness tours.com) organisiert Tagestrips auf dem schäumenden **Ottawa River** TOPZIEL.

INFORMATION
Ottawa Tourism, 130 Albert St., Tel. 1-800 3 63 44 65, www.ottawatourism.ca

❾ Algonquin Provincial Park

TOPZIEL Rund 2400 Seen und 1200 Flusskilometer machen den Park zu einem Mekka für Paddler. Bei der Vorbereitung des Trips hilft **Algonquin Outfitters** (1035 Algonquin Outfitters Rd., Tel. 70 56 35 22 43, www.algonquinoutfitters.com). Einzige Straße ist der Hwy. 60, an dem sich auch das Visitor Centre befindet (km 43, www.algonquinpark.on.ca). Vom Hwy. zweigen kurze Wanderwege ab, hier liegen die Campingplätze und Wildnis-Lodges. Im wegelosen Innern hausen Elche und Wolfsrudel.

UNTERKUNFT
Nur per Kanu erreichbar sind die Cabins und Cottages der €€/€€€ **Bartlett Lodge** (am

---

Tipp

Insel-Trail

Durch Buchten und Wälder, an Wasserfällen vorbei, über munter rauschende Bäche und Flüsse: Der 53 km lange **Casque Isles Trail** von Rossport nach Terrace Bay folgt dem schönsten Küstenabschnitt des Lake Superior. Drei bis fünf Tage sollten dafür einkalkuliert werden. Es gibt einfache Zeltplätze. Wer eine heiße Dusche vermisst, findet auf halbem Weg in Schreiber www.terrace bayschreiber.ca. ein Motel.

Hwy. 60/KM 24, Cache Lake, Tel. 70 56 33 55 43, www.bartlettlodge.com).

🔟 Manitoulin Island

Die Insel ist per Autofähre und Brücke (von Norden) erreichbar. In Ojibwa-Reservat in Wikwemikong (www.wikwemikong.ca) findet Anfang Aug. ein sehr großes Pow Wow statt.

RESTAURANT/UNTERKUNFT
Frischen Fisch gibts im €€/€€€ **Grill-Restaurant des Anchor Inn Hotel** (1 Water St., Tel. 70 53 68 20 23) in Little Current. €€ **Queen's Inn** (19 Water St., Tel. 70 52 82 06 65, www.thequeensinn.ca) in Gore Bay ist die beste Basis für Inseltouren.

INFORMATION
Manitoulin Island Tourism, 70 Meredith St. E., Little Current, Tel. 70 53 68 30 21, www.manitoulintourism.com

1️⃣1️⃣ Killarney Provincial Park

Der Provinzpark an der Georgian Bay ist berühmt für seine Kanutrails und Pfade zu herrlichen Aussichten. **Killarney Outfitters** (www.killarneyoutfitters.com) hilft bei Planung und Durchführung, Adresse für erholsame Tage am Wasser ist die €€/€€€ **Killarney Mountain Lodge** (www.killarney.com).

INFORMATION
Killarney Provincial Park, Killarney, Tel. 70 52 87 29 00, www.ontarioparks.com

1️⃣2️⃣ Lake Superior

Von Sault Ste. Marie aus folgt der Trans Canada Highway dem Lake Superior bis zur 700 km entfernten Thunder Bay.

ERLEBEN
Im **Lake Superior Provincial Park** führen Wanderwege zur zerklüfteten Küste. Der **Neys Provincial Park** steht für schöne Sandstrände und ein deutsches Prisoner-of-war-Camp. Die beste Chance, Schwarzbären zu sehen, bietet der **Sleeping Giant Provincial Park**.

RESTAURANT/UNTERKUNFT
Ein kulinarisches Juwel ist das €/€€ **Serendipity Gardens Café and Guest House** (Tel. 80 78 24 28 90, www.serendipitygardens.ca) in Rossport. Das € **High Falls Motel** (Hwy. 17, Wawa, Tel. 70 58 56 44 96, www.highfallsmotel.com) hat gemütliche Blockhütten.

INFORMATION
North of Superior Tourism Association 52 Front St., Nipigon, Tel. 80 78 87 31 88, www.northofsuperior.org

Genießen   Erleben   Erfahren

Paddeln im Labyrinth

Knorrige Kiefern klammern sich an glatten Granit, in Felsenbuchten ist das Wasser tiefschwarz. Die Thousand Islands im St.-Lorenz-Strom sind ein Paradies für Paddler. Dabei sind es gar nicht 1000 Inseln, sondern 1700. Zumindest, wenn man sich an den von Parks Canada benutzten Maßstab hält, wonach erst dann von einer Insel die Rede ist, wenn auf ihr wenigstens zwei Blumenarten wachsen. Wie auch immer: Das Insellabyrinth zwischen Kingston und Brockville ist wunderschön. Die Indianer fühlten sich an himmlische Blütenblätter im Wasser erinnert, weiße Siedler gaben ihnen Namen wie Camelot und Endymion.

Um die Thousand Islands kennenzulernen, nimmt man am besten ein Kajak. Der Tripreport eines Tages auf dem Wasser mag dann so aussehen: Ablegen in Smuggler's Cove. Vor dem Bug ein Nadelöhr aus zwei Inseln, es verdreifacht die Fließgeschwindigkeit. Das Boot will umdrehen, ein paar energische Paddelschläge jetzt! An Inseln mit schönen Sommerhäusern darauf geht es in den St. Lawrence Islands National Park. 24 unbewohnte Eilande, herbe Schönheiten mit steilen Ufern und lichten Nadelwäldchen darauf. Überall Blaubeerbüsche, Buchten zum Baden und Faulenzen. Ein Picknick auf Constance. Kraniche fischen, Karpfen laichen, Seeadler kreisen.

Ein- und mehrtägige Exkursionen

1000 Islands Kayaking, 110 Kate St., Gananoque, Tel. 61 33 29 62 65, www.1000islandskayaking.com, organisiert im Sommer ein- und mehrtägige geführte Kayakexpeditionen durch die Thousand Islands. Vorkenntnisse sind nicht erforderlich. Für Paddler, die die Inselwelt lieber auf eigene Faust erkunden wollen, gibt es interessante Angebote.

Andere Stimmen, andere Räume

Amerikaner nennen Montréal wahlweise „Europa ohne Jetlag" oder „Manhattan ohne Stress". Deutsche Touristen staunen vor allem darüber, dass sie hier, in einer der größten französischsprachigen Metropolen der Welt, auch mit Englisch gut zurechtkommen.

Blick von der Île Sainte-Hélène im St.-Lorenz-Strom auf die Skyline der modernen Downtown (Centre-Ville) von Montréal.

Der britische Künstler Raymond Masson (1922–2010) schuf im Jahr 1985 die vor dem BNP Tower aufgestellte Skulptur „The Illuminated Crowd" (oben rechts). „Erleuchtung" finden die modernen Citoyens von Montréal aber zum Beispiel auch bei einem Päuschen an einem Springbrunnen in der Downtown (rechts an der Place Ville-Marie), ehe sie dann wieder ihren Geschäften nachgehen.

Montréal hat sich in den letzten Jahren enorm entwickelt und ist heute eine frankophone, polyglotte, weltoffene Millionenmetropole.

Wahr ist, dass Montréal niemals langweilig wird. Wahr ist auch, dass die Stadt schon zu viele Höhen und Tiefen erlebt hat, um eine makellose Schönheit zu sein.

Montréal ist für viele ein Mysterium. Eine, die Mysterien von Berufs wegen auf den Grund geht, ist Kathy Reichs. Viele Thriller der forensischen Anthropologin und Bestseller-Autorin spielen in Québec. Nach Montréal, der Hauptstadt dieser Provinz, befragt, setzt Reichs allerdings noch einen drauf: Hier dürfe man bei Rot nicht rechts abbiegen, behauptet sie, das sei anders als im Rest Nordamerikas. Dann zitiert sie ihre Romanheldin, die forensische Ermittlerin Temperance Brennan. Diese analysiert Montréal in „Toten-Montag" als schizoiden Raufbold, der beständig mit sich über Kreuz liegt. Frankophone kämpften gegen Anglophone, Katholiken gegen Protestanten, Föderalisten gegen Separatisten, Alt gegen Neu. Was alles für Kathy Reichs noch lange kein Grund wäre, Montréal nicht zu mögen. Im Gegenteil, sagt sie: Sie genieße die gespaltene Persönlichkeit der Stadt.

Paris, London, New Orleans …

Wahr ist: Die Metropole auf der Insel im St.-Lorenz-Strom wird niemals langweilig. In der Altstadt (Vieux-Montréal) unten am Strom stehen bretonische Feldsteinhäuser, liegt Kopfsteinpflaster. Unmittelbar dahinter ragen viktorianische Giebel auf – das sieht ein bisschen so aus wie in London –, und dahinter wiederum kontrollieren nordamerikanische Bürotürme den Luftraum der Innenstadt (Centre-Ville). Landeinwärts, in den engmaschigen Künstler- und Studentenvierteln Le Plateau sowie Mile End am Osthang des Mont-Royal, erinnern die geschwungenen Außentreppen an New Orleans, stecken Menschen aller Farben und Sprachen in winzigen Bistros die Köpfe zusammen. In Petite-Italie und St-Léonard schlürfen Kalabrier ihren Espresso, in Notre-Dame-de-Grace gehen Griechen, Inder und Haitianer ihren Geschäften nach. Man sieht diszipliniert schlangestehende Menschen an Bushaltestellen, aber auch Blinker souverän ignorierende Autofahrer auf schlaglochübersäten Straßen: Montréal darf sich auch der meisten Honda-Civic-Flitzer pro Kopf der Bevölkerung in Nordamerika rühmen sowie – die Gewerkschaften sind mächtig wie sonst nirgends auf dem Kontinent – der meisten quasi permanenten Baustellen des Landes.

Mit Ecken und Kanten

Wahr ist auch, dass Montréal schon zu viele Höhen und Tiefen erlebt hat, um eine makellose Schönheit zu sein. Im Jahr 1642 gegründet, sah die Stadt französische Missionare, Siedler, adlige Grundherren, Waldläufer und Irokesenkrieger. Nach 1763 übernahmen englisch-schottische Banker, Reeder und Industrielle die Kontrolle. Montréal musste erleben, wie Anglo- und Frankokanadier zu demonstrativ einsprachigen Anglos und Frankos

Vieux-Montréal: Auf alten Indianerpfaden durch die alte Stadt?

Begrenzt wird Vieux-Montréal im Süden vom St.-Lorenz-Strom und im Norden von der sich anschließenden Centre-Ville.

Die Place Jacques-Cartier ist ein guter Ausgangspunkt für einen Bummel durch die Altstadt südlich der Rue Notre-Dame. Hier spaziert man noch über Kopfsteinpflaster an hübsch restaurierten Häusern des 17. bis 19. Jahrhunderts vorbei.

Gruppenbild mit Hund in der Altstadt: Im kosmopolitischen Montréal leben mehr zwei- und dreisprachige Einwohner als in jeder anderen kanadischen Metropole.

wurden und einander so fremd, dass sie unter dem Titel „Two Solitudes" (gemeint waren die protestantischen, meist wohlhabende Anglos im Westen und die katholischen, unterprivilegierten Frankos im Osten der Stadt) in einem Schlüsselroman Kanadas verewigt wurden.

Das Zünglein an der Waage

In den politisch aufgeladenen 1960er- und 1970er-Jahren folgte die Verwandlung ihrer frankophonen Einwohner in politisch selbstbewusste Québécois, die „Maître Chez Nous" („Herr im eigenen Haus") auf ihre Spruchbänder schrieben, Französisch zur offiziellen Sprache der Provinz erklärten und damit einen Exodus der anglophonen Geschäftswelt in Richtung Toronto auslösten. Zwei Referenden über einen unabhängigen Staat Québec scheiterten dennoch knapp – nicht zuletzt deshalb, weil das Zünglein an der Waage Montréal hieß: Auf der Insel im St.-Lorenz-Strom stimmten nicht nur alle verbliebenen Anglos, sondern auch viele Frankos und die meisten Einwanderer (die Allophonen), gegen „Québec libre". Heute leben rund 4 Mio. Menschen im Großraum und 1,6 Mio. auf der Île de Montréal. Ein Viertel der Inselbewohner gehört ethnischen Minderheiten an, vor allem aus Afrika, Lateinamerika und Asien. Montréal ist das kulturelle

Zentrum nicht nur der Provinz. Film, Fernsehen, Radio, Theater, Multimedia und Verlagswesen – hier laufen die Fäden Französisch-Nordamerikas zusammen.

Kultureller Hotspot

Montréal ist eine der bedeutendsten Metropolen der Frankophonie. Doch auch im englischsprachigen Nordamerika hat sich die Stadt längst als gefragter Player platziert. Der weltberühmte Cirque du Soleil residiert hier, Software-Labore wie Ubisoft und Moment Factory tüfteln an immer neuen Multimedialösungen für Kunden wie Steven Spielberg, Madonna und die Veranstalter der Oscar-Galas.

Zugleich ist Montréal das kulturelle Zentrum der Anglo-Québecer: Die traditionsreiche McGill University zählt nach wie vor zu den besten des Landes, international erfolgreiche Künstler wie Leonard Cohen, Oscar Peterson und William Shatner stamm(t)en aus Montréal.

Nachdem Québec im Jahr 1999 als erste Provinz Kanadas die gleichgeschlechtliche Ehe legalisierte, entwickelte sich Montréal auch noch zur schwulenfreundlichsten Großstadt Nordamerikas. Sichtbarster Ausdruck von Montréals Rolle als kultureller Hotspot ist das Quartier des Spectacles im Osten von Centre-Ville. Auf weniger als einem Quadratkilometer rund um die Place des Arts bieten 30 Bühnen und Konzerthallen allein 28 000 Sitzplätze.

Cirque du Soleil, Ubisoft, Moment Factory & Co.: Montréal ist ein gefragter Player.

Die neue Mehrsprachigkeit

Im Übrigen scheinen die Montréaler ein angeborenes Gefühl für die Komplexität ihrer Stadt zu haben. So sprechen die Franko-Montréaler nicht nur jenes berüchtigte Französisch, das fast 400 Jahre ohne sein angestammtes Mutterland Frankreich unterwegs war und „Québécois" genannt wird. Viele sprechen oder verstehen auch noch „Joual", ein hemdsärmelig klingendes, der frankophonen

Auf dem 233 Meter hohen, von den Montréalern nur „la montagne" („der Berg")
genannten Mont Royal liegt dem Betrachter die ganze Stadt zu Füßen.

An der Ecke Rue Prince Arthur/Blvd. St. Laurent: Leben und leben
lassen in Montréal, der Inselstadt im Sankt-Lorenz-Strom.

Am Square St. Louis, über den es heißt, er sei „the closest thing to a European neighbourhood square you'll find this side of the Atlantic".

Studentisch geprägt ist das Viertel rund um die 1821 gegründete McGill University.

Essen & Trinken in Montréal

Special

Kulinarische Entdeckungsreise

Bakery auf dem Marché Jean-Talon: Hmh!

Montréals Ruf als kulinarische Bastion ist legendär. Er stammt noch aus jenen Zeiten, als Anglo-Kanadier und Amerikaner von der Ostküste eigens anreisten, um hier zum Beispiel Foie gras in Aspik zu genießen.

Die Bedeutung, die Montréaler dem Essengehen beimessen, und die Zeit, die dieses in Anspruch nimmt, liegt weit über dem Landesdurchschnitt. Typische Montréaler Uralt-Spezialitäten wie Rauchfleisch (das berühmte, in Marinade eingelegte smoked meat) und Montréaler Bagel (handtellergroßes Gebäck aus Hefeteig mit Honig und Sesamkörnern), koexistieren mit ethnischen Fastfoodketten à la Thai Express und amerikanischen Klöpse-Bratern wie McDonald's. Ob französisch, englisch, italienisch, griechisch, arabisch, jüdisch, karibisch oder afrikanisch – Küchentraditionen aus aller Herren Länder wurden und werden in der Stadt gleichermaßen willkommen geheißen und respektvoll behandelt. Nur so lässt sich die immense Auswahl

an frischen Produkten auf Wochenmärkten wie dem Marché Jean-Talon oder dem Marché Atwater erklären, nur so die extrem hohe Dichte anspruchsvoller Bistro-Restaurants in Vierteln wie Plateau-Montréal, Mile End und beiderseits des Blvd-St-Laurent. Und während man in Gourmet-Hochburgen wie Paris, Rom oder New York zumindest ahnt, was einen erwartet, ist ein kulinarischer Streifzug durch diese Stadt, die alle paar Hundert Meter ihr Gesicht wechselt, eine echte Entdeckungsreise.

Arbeiterklasse des 19. Jahrhunderts zugeschriebenes, von Anglizismen durchsetztes Idiom, das heute noch in Stadtvierteln wie Verdun und Hochelaga zu hören ist.

Die Anglo-Montréaler wiederum, und hier vor allem die Einwanderer, sprechen oft nicht nur Standard-Englisch, sondern sie verfügen auch über ein „Franglais" oder „Frenglish" genanntes, höchst dehnbares Vokabular, das sich nach Herzenslust der Wörter, Begriffe und Slangausdrücke beider Sprachen bedient.

Mehr als 30 Jahre nach Einführung der „Loi 101" – jenes Gesetzes, das Französisch zur alleinigen Amtssprache der Provinz Québec bestimmte – konnte so eine neue Generation heranwachsen, die neben ihrer jeweiligen Muttersprache fließend englisch und französisch mit Quebecer Akzent spricht.

Montréal macht Hoffnung

Seit Montréal mehrsprachig wurde, entsteht hier eine in Nordamerika einzigartige Stadtkultur: lebensfroh und tolerant. Anderssein ist hier eine willkommene Inspiration. Deshalb macht Montréal Hoffnung. Man es könnte auch so sagen: Die Menschen in San Francisco lieben ihre Stadt wegen der grandiosen Lage, die in Vancouver wegen der Great Outdoors vor der Haustür. Die Montréaler aber lieben Montréal schon allein deshalb, weil Montréal Montréal ist.

INDIESZENE

Hier spielt die Musik!

Wolf Parade, Malajube, The Stills, Plants and Animals,
Les Aieux und die Grammy-Awards-Winner Arcade Fire:
Das sind nur einige von vielen Independent-Bands aus
Montréal. Die Szene boomt.

Zunächst ist es die kreative Spannung der Stadt. Waren die Fans und Konzerthallen früher mehr oder weniger nach Sprachen getrennt, so arbeiten franko- und anglophone Musiker heute immer stärker zusammen – die Musik als Universalsprache nutzend. Ein anderer guter Grund ist das Geld: Die Lebenshaltungskosten sind in Montréal trotz der Preissteigerungen der letzten Jahre noch immer vergleichsweise niedrig. Das zieht vor allem junge Talente an. Diese legen dann gern zusammen und mieten gemeinsam Übungsräume. Was dabei herauskommt, macht häufig auch international Furore.

Aus Spaß an der Freude

Für Laurent Saulnier, den Programmchef des weltberühmten Festival international de Jazz de Montréal, ist das kein Wunder. „Wenn du dir Mieten leisten kannst, brauchst du nicht zu musizieren, um zu überleben. Dann spielst du aus Spaß an der Freude." Auf Saulniers Schreibtisch stapeln sich die neuesten CDs aus der Montréaler Szene. Große Labels wie Sony, EMI und Warner sind nicht darunter. „95 Prozent der lokalen Produktion wird von Montréaler Indie-Labels bestritten", sagt Saulnier, „das ist einmalig auf der Welt."

Der Sound dieser Bands, zu denen auch The Stills, Les Breastfeeders und Godspeed You! Black Emperor (GY!BE) gehören, ist so eklektisch wie die Stadt selbst. Anders als in Seattle, das Ende der 1980er-Jahre zur Hauptstadt des Grunge-Sound ausgerufen wurde, kam auf diese Weise kein typischer „Montréal Sound" zustande.

Ob große oder kleine Bühne, allein, zu zweit, zu vielen: Montréal ist eine Stadt der Musik, die gut klingt, gut swingt – und gute Laune macht, mit oder ohne Noten.

Talentschuppen à la Montréal

Der beste Ort für einen interessanten Indie-Abend sind die Kneipen in den Vierteln Plateau de Mont-Royal und Mile End. Etablissements wie das Casa del Popolo und das Barfly sind Talentschuppen, in denen schon so manche musikalische Karriere begann. Mit dem Pop Montréal und dem M Pour Montréal hat die Stadt zudem gleich zwei eigene Indie-Musik-Festivals. In mehr als 80 Räumen und Sälen rund um den Boulevard Saint-Laurent treten zu diesen Anlässen mehrere Hundert Bands und Interpreten aus ganz Montréal und aus aller Welt auf.

Live und im Internet

Casa del Popolo
Im schummrigen Übungsraum dieser Kneipe unternahmen u. a. Arcade Fire ihre ersten musikalischen Gehversuche. Weitere Konzerte im Sala Rossa gegenüber. 4873 Boul. St-Laurent, Tel. 51 42 84 38 04, www.casadelpopolo.com

Barfly
Seit vielen Jahren entschieden gegen alle Trends schwimmend, ist das Barfly mit seinem vollem Veranstaltungskalender ein Urgestein der Indie-Szene. 4062 Boul. St-Laurent, Tel. 51 42 84 66 65, http://barflymtl.wix.com/shows

Pop Montréal
Ende September, www.popmontreal.com

M pour Montréal
Mitte November, www.mpourmontreal.com

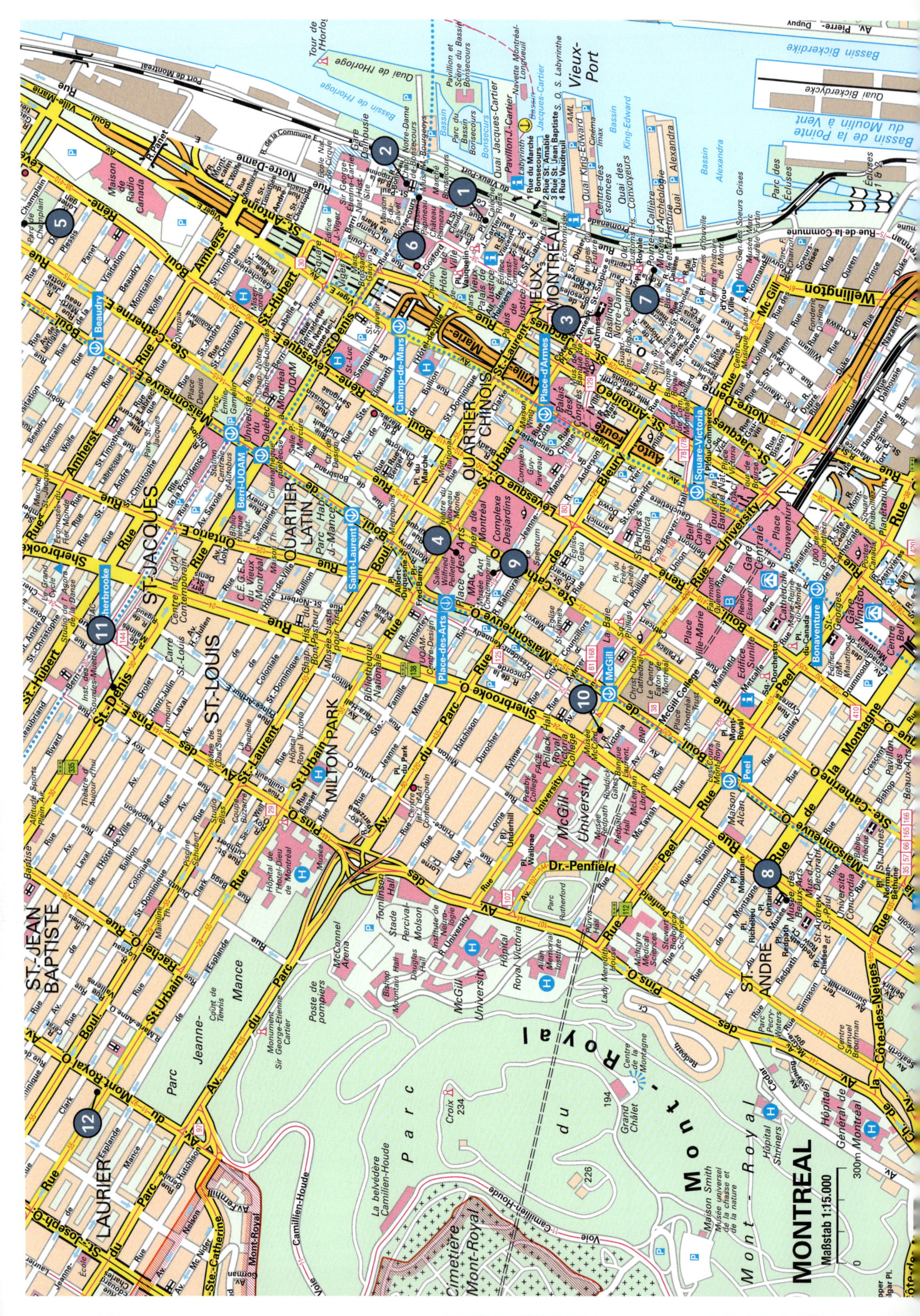

Tour de Montréal

Mit den meisten Restaurants Kanadas, einer Trends setzenden Kulturszene und einer polyglotten Bevölkerung ist Montréal die ungewöhnlichste Stadt Nordamerikas. Und: Montréal liegt auf einer Insel. Ob das der Grund für die sprichwörtliche Lebensfreude, die überall in der Stadt zu spürende „joie de vivre" der Montréaler ist?

❶ – ❷ Montréal

TOPZIEL Ein Hügel, der liebevoll „Berg" genannt wird: Der Mont-Royal ist Namensgeber und historisches Rückgrat der Stadt. 1535 stand der Seefahrer Jacques Cartier als erster Europäer auf seinem Gipfel und nannte die Aussicht königlich. Aus der 1642 von Paul de Maisonneuve gegründeten Missionsstation Ville-Marie erwuchs ein Pelzhandelsposten, dessen Kanu-Flotillen ins Herz des Kontinents vordrangen und Montréals Wohlstand begründen halfen. 1760 übernahmen die siegreichen Engländer das Kommando. Der Pelzhandel fiel an schotti-

Tipp

Spaß im Jet-Boot

Nach China wollte der französische Entdecker und Seefahrer Jacques Cartier (1491–1557) einst reisen, als mächtige Stromschnellen ihn zur Umkehr zwangen. Heute dagegen geht es hier weiter, und zwar an Bord robuster Jet-Boote mit ordentlich Pferdestärken unter der Haube. Die einstündigen Trips legen alle zwei Stunden vom Quai d'Horloge im Vieux-Port ab und dauern jeweils eine Stunde. Spaß vorprogrammiert, nasse Bekleidung (trotz Ölzeug) auch!

WEITERE INFORMATIONEN
Saute-Moutons, Quai d'Horloge,
Tel. 51 42 84 96 07,
www.jetboatingmontreal.com

Tipp

Den besten Blick ...

... auf die Stadt hat man vom Mont Royal. Wenn in einer lauen Sommernacht die Sonne untergeht, bleibt bisweilen ein rosa Schimmer über Centre-Ville hängen. Tief unten gehen die Lichter an. Montréal verwandelt sich in ein Lichtermeer. Die Pärchen rücken näher zusammen, Picknick-Körbe werden ausgepackt. Während der warmen Jahreszeit ist die Terrasse des Chalet du Mont-Royal der schönste Ort, um die Köpfe zusammenzustecken.

WEITERE INFORMATIONEN
Zu Fuß auf den Mont Royal: auf der Rue Peel bergan zur Avenue des Pins. Diese überqueren und weiter auf Pfaden und Treppen den Schildern folgen.

sche Pelzbarone, deren North West Company mit der Hudson's Bay Company konkurrierte. Später stiegen Montréals Unternehmer auf Handel und Hochfinanz um, in den 1880er-Jahren verband die Eisenbahngesellschaft Canadian Pacific Railways die Stadt mit dem Pazifik. Bis weit in die 1960er-Jahre blieb Montréal eine nach Sprachen geteilte Stadt. Mit der Ausrichtung der Expo '67 und der Olympischen Sommerspiele 1976 entwickelte man sich zu der heutigen Weltmetropole.

SEHENSWERT
Die Orientierung in der Stadt ist denkbar leicht. Größte Ost-West-Achsen sind die Rue Sher-

Unten: Blick vom Lachine Canal auf die Skyline der Stadt. Ganz unten rechts: Place d'Armes mit der zweitürmigen Basilique Notre-Dame sowie dem New-York-Life-Gebäude und der Banque de Montréal. Ganz unten, Mitte: ein Blick ins Innere der in den Jahren 1824 bis 1843 nach Entwürfen des Iren James O'Donnell errichteten Basilika.

brooke, Ste-Cathérine und der Boulevard René-Lévesque. Der die Insel in Nord-Süd-Richtung durchquerende Boulevard St-Laurent markiert die Hausnummer 0 für alle in West-Ost-Richtung verlaufenden Straßen. Fast alle Sehenswürdigkeiten liegen westlich des Boulevards und sind bequem zu Fuß oder mit der Métro erreichbar.

VIEUX-MONTRÉAL

Hauptanziehungspunkte in der Altstadt sind drei Plätze. Um die ❶ **Place Jacques-Cartier** im Osten gruppiert sich Architektur aus drei Jahrhunderten, u. a. das **Rathaus** von 1878, die **Nelson-Säule** und das gedrungene, 1705 für den französischen Gouverneur gebaute **Chateau Ramezay** am Nordrand. Im Süden öffnet sich der Platz zum aufgeschütteten **Vieux-Port** mit seinen Grünanlagen und verbliebenen Hafenbecken. Wenige Gehminuten östlich davon informiert die 1771 erbaute Seefahrerkirche ❷ **Chapelle Notre-Dame-de-Bonsécours** mit dem **Musée Marguerite Bourgeoys** über die einst zur Bevölkerung des frauenlosen Neu-Frankreich gebrachten ledigen Frauen, die „filles du roi". Ein paar Minuten weiter westlich liegt die **Place d'Armes**, der alte Exerzierplatz der Stadt. Die dortige neogotische ❸ **Basilique Notre-Dame** (110 rue Notre-Dame Ouest) gilt als schönste Kirche Kanadas. Die Platzmitte ziert das Denkmal des Stadtgründers Maisonneuve.

CENTRE-VILLE

Centre-Ville ist die moderne Downtown beidseits der Einkaufsstraße **Rue Ste-Cathérine**. Größte Attraktion im Osten ist das Kulturzentrum ❹ **Place des Arts** (Nr. 175 Ouest, http://placedesarts.com/index.en.html), Heimat der Oper und der Grands Ballets Canadiens, im Zentrum des **Quartier des Spectacles**. In westlicher Richtung liegen Blickfänge wie der Büroturm **Place de la Cathédrale** und die sich in diesem spiegelnde neogotische **Christ Church Cathedral** (Ecke Ave. Union) von 1859. Auch Kanadas große Kaufhäuser **La Baie/The**

Süße Sünden, bunt verpackt: Ahornsirupverkäuferinnen in der Altstadt (oben). Gut aufgestellt: Individualistenchic à la Montréal (rechts oben). Unterirdisch shoppen kann man in der Ville Souterraine (rechts).

Tipp

Ville Souterraine

Gebaut, um dem kanadischen Winter ein Schnippchen zu schlagen, ist die Ville Souterraine heute eine Touristenattraktion der besonderen Art: Bei der unterirdischen Stadt handelt es sich um ein unter der Centre-Ville verlegtes, über 30 km langes System von Passagen, Tunneln und Plätzen. Fast 2000 Geschäfte und mehr als 200 Restaurants gibt es hier, rund 160 Punkte zum Aufsteigen an die Oberfläche, neun Métro-Stationen, zwei Bahnhöfe, zwei Busterminals. Eine halbe Million Menschen benutzt die unterirdische Stadt pro Tag, Zehntausende davon pendeln im Winter ohne Mantel zwischen Wohnung und Büro.

ZUGANG ZUR VILLE SOUTERRAINE

Am leichtesten erreicht man die „Unterwelt" über Rolltreppen in allen Kaufhäusern und Malls an der Rue Ste-Cathérine.

Eintritt 23,25 $). Zu seinen Füßen liegen das 55 000-Plätze-Stadion und der vier Ökosysteme mit Tieren beherbergende **Biodome** (tgl. 9.00 bis 17.00, Juli–Aug. bis 18.00 Uhr, Eintritt 19,75 $).

MUSEEN UND GALERIEN

Das kleine, feine ❻ **Musée Marguerite Bourgeoys** in Vieux-Montréal würdigt die Verdienste der Gründerin der ersten Schule der Stadt (400 rue Saint-Paul Est, März–Apr. tgl. 11.00–15.30, Mai–Sept. und Okt.–Nov. 10.00–17.30, sonst geschl., Eintritt 12 $). Im spannenden ❼ **Pointe-à-Callière, Musée d'archéologie et d'histoire de Montréal** (350 Place Royale, Di.–Fr. 10.00–17.00, Sa., So. 11.00–17.00 Uhr, Mo. geschl., Eintritt 20 $, www.pacmusee.qc.ca) führt eine Rolltreppe unter das Gebäude – zu den Resten der ersten Siedlung Ville-Marie. Das 1860 eröffnete ❽ **Musée des Beaux-Arts de Montréal** (1380 rue Sherbrooke Ouest, Di.–So. 10.00–17.00 Uhr, Eintritt 20 $, www.mbam.qc.ca) ist das älteste Kunstmuseum Kanadas. Bestes Schaufenster für Kanadas zeitgenössische Kreative ist das ❾ **Musée d'Art Contemporain de Montréal** (185 rue Ste-Cathérine, Di. bis So. 11.00–18.00, Mi. 11.00–21.00 Uhr, Eintritt 14 $, www.macm.org), beste Adresse für eine Tour durch die kanadische Geschichte das ❿ **Musée McCord d'Histoire Canadienne** (690 rue Sherbrooke Ouest, Di., Do., Fr. 10.00 bis 18.00, Mi. bis 21.00, Sa., So. 10.00–17.00 Uhr, Eintritt 15 $, www.mccord-museum.qc.ca).

RESTAURANTS

Einfach lecker, einfach Montréal: Im € **La Boulette** gibt es in französischer Bistroatmosphäre Burger in diversen Variationen. Ein Renner: der mit Entenkonfit, Tomaten und schmalen Gemüsestreifen servierte Enten-Burger „Canard" (2223 Rue Beaubien, Tel. 51 49 03 55 99, www.laboulette.ca). Ansonsten konzentrieren sich die meisten guten Restaurants an Boul. St-Laurent und ⓫ **Rue St-Denis** nördlich Rue Sherbrooke,

Montréals geschichtsträchtigste Straße beginnt am Vieux-Port und verläuft quer durch die Insel.

Bay (Nr. 585 Ouest), **Ogilvy** (Nr. 1307 Ouest, www.ogilvycanada.com) und **Simon's** (Nr. 977 Ouest, www.simons.ca) sind hier vertreten.

MONT ROYAL

Von Spazierwegen überzogen und mit einem herrlichen Park gesegnet: Montréals Hausberg ist die grüne Lunge der Stadt. Auf dem **Mt. Royal Cemetery** (www.lemontroyal.qc.ca) liegen zahlreiche Montréaler „Titanic"-Opfer.

RUE SAINT-DENIS

Die Restaurant- und Kneipenmeile der Stadt heißt Nachtschwärmer willkommen – südlich der Rue Sherbrooke die mit Durst, nördlich davon die mit Appetit (www.la-rue-st-denis.com).

BOULEVARD SAINT-LAURENT

Montréals geschichtsträchtigste Straße beginnt am Vieux-Port und verläuft quer durch die Insel. Früher war die Straße der Einwanderer eine Trennlinie zwischen Frankos und Anglos, heute ist sie vor allem nördlich der Rue Sherbrooke für ihre Trendrestaurants und Musikkneipen beliebt (http://boulevardsaintlaurent.com).

PARC OLYMPIQUE

Bequem mit der Métro zu erreichen ist der ❺ **Parc Olympique** im Osten der Stadt (außerh. des Cityplans). Blickfang: der 175 m hohe, um 45 Grad geneigte **Tour Olympique** (Juli–Sept. Di.–So. 9.00–20.00, Mo. 13.00–20.00, sonst Di.–So. 9.00–18.00, Mo. 13.00–18.00 Uhr, auf dem Plateau an der **12 Ave. Mont-Royal** und im Viertel Mile End sowie in Vieux-Montréal. Zeitgemäße regionale Küche serviert das €€€ **Les 400 Coups** (400 rue Notre-Dame Est, Tel. 51 49 85 04 00) am Rand der Altstadt. Von vielen Medienleuten frequentiert wird das €€€ **Bistro-Restaurant L'Express** (3927 rue St-Denis, Tel. 51 48 45 53 33). € **Schwartz's Hebrew Delicatessen** (3895 boul. St-Laurent, Tel. 51 48 42 48 13) im alten Quartier Juif ist seit 80 Jahren eine Institution in Sachen Rauchfleisch.

UNTERKÜNFTE
Das € **Hotel Casa Bella** (264 rue Sherbrooke Ouest, Tel. 51 48 49 27 77, www.hotelcasabella.com) bietet eine solide Basis für Touren durch die Stadt. Vom €/€€ **Hotel Elegant** (1683 rue St-Hubert, Tel. 51 45 21 97 97, www. hotelelegant.ca) am Rand des Gay Village aus sind es nur wenige Minuten nach Vieux-Montréal. Das Boutique-Hotel €€ **Anne ma soeur Anne** (4119 rue St-Denis, Tel. 51 42 81 31 87, www.annemasoeuranne.com) liegt auf dem Plateau, in Reichweite der besten Restaurants der Stadt.

EINKAUFEN
In Centre-Ville liegen die meisten Geschäfte und Kaufhäuser an der **Rue Ste-Cathérine**. Auf dem Plateau zeigen Montréaler Fashion Designer ihre Entwürfe, u. a. der Lederwaren-Designer **m0851** (3526 Boul. St-Laurent, Mo. bis Mi. 10.00–18.00, Do.–Fr. 10.00–21.00, Sa. 10.00–17.00, So. 12.00–17.00 Uhr). In Centre-Ville ist **Harry Rosen** (Cours Mont-Royal, 1455 rue Peel, Mo.–Mi. 10.00–21.00, Do.–Fr. 10.00 bis 21.00, Sa. 10.00–18.00, So. 12.00–17.00 Uhr) die beste Adresse für Designermode.

AUSGEHEN
Auf einer der rund 30 Bühnen im **Quartier des Spectacles** (www.quartierdesspectacles.com), Montreals Entertainment District, ist immer was los. Der **Place des Arts** mit seinen fünf Konzerthallen ist die beste Adresse für Klassik von Weltformat (Tickets: 51 48 42 21 12, www.pda.qc.ca). Mittelgroße Konzerträume für Rock- und Jazzkonzerte sind u. a. das **Métropolis** (59 rue Ste-Cathérine, Tel. 51 48 44 35 00, www.metropolismontreal.ca) und der **Club Soda** (1225 boul. St-Laurent, Tel. 51 42 86 10 10, www.clubsoda.ca).

FESTIVALS
Montréal gilt als Nordamerikas Festival-Hauptstadt (www.montreal.com/tourism/festivals). Höhepunkte sind das **Festival International de Jazz de Montréal** (www.montrealjazzfest.com) Ende Juni, das internationale Comedyfestival **Juste pour rire-Just for Laughs** (www.hahaha.com) im Juli und das **Francofolies de Montréal** (www.francofolies.com) Ende Juli, zu dem über 1000 Musiker aus der französischsprachigen Welt auftreten.

INFORMATION
Tourisme Montréal
c/o Centre Infotouriste (April, Okt.–März tgl. 9.00–17.00, Mai–Sept. 9.00–18.00 Uhr), 1225 rue Peel, Suite 100, Tel. 51 48 73 20 15, www.tourisme-montreal.org

Genießen   Erleben   Erfahren

DuMont Aktiv

Montréal by bike

Kanadas Großstädte, deren Infrastruktur einst vor allem für Autofahrer ausgebaut wurde, werden immer radfahrerfreundlicher. So wurde erst vor einigen Jahren am St.-Lorenz-Strom das erste öffentliche Leihradsystem des Landes eingeführt.

Das Zauberwort heißt BIXI. Die Zusammenlegung von *bi*cyclette und ta*xi* ist der Name für ein robustes Rad mit hohem Lenker und einfacher Gangschaltung. Bei den Montréalern rannte man damit offene Türen ein: Kaum zwei Monate nach seiner Einführung wurde bereits der millionste Nutzer gezählt. Der Vorteil für den nach Montréal Reisenden: Mit dem Rad gelangen Besucher dorthin, wo die Métro und die eigenen Füße nicht hinkommen. Über 5000 BIXIs an mehreren Hundert, über die Insel verteilten Radständern ermöglichen jedem seine persönliche Tour de Montréal.

Mit einem derzeit rund 500 km langen Radwegenetz ist schon mal ein guter Anfang gemacht. Das Plateau de Montréal mit seinen hübschen Alleen, den gemütlichen Tante-Emma-Läden und einladenden Bistros ist schon jetzt ein beliebtes Radlerrevier. Die schönste Tagestour begleitet den historischen Canal Lachine vom Vieux-Port aus an der Skyline der Millionenmetropole vorbei bis hin zu den Stromschnellen im behaglichen Stadtteil Lachine.

Weitere Informationen
Die offizielle BIXI-Homepage enthält eine Gebrauchsanweisung und Updates zum Straßenzustand.

Aktuelle Radwegekarten im Centre Infotouriste (siehe Information).

http://montreal.bixi.com

Von Herzen

Eigentlich dürfte es hier, auf den Magdaleneninseln im St.-Lorenz-Golf, gar nicht so schön sein. So grün, so bunt, so romantisch. Es dürfte hier auch keine Gourmet-restaurants mit „Canard laqué au miel et cinq-épices" („Pekingente mit Honig und fünf Gewürzen") auf der Speisekarte geben. Und doch sind die Îles de la Madeleine ein wenig so wie der Rest der mit über 1,5 Mio. Quadratkilometern Fläche größten Provinz des Landes: ein ungewöhnliches Stück Kanada, einnehmend und herzerwärmend.

Blick über den St.-Lorenz-Strom auf das 1893 von der Canadian Pacific Railway errichtete Luxushotel Château Frontenac.

Stadtbummel entlang der Rue Sainte-Anne, in der Altstadt von Québec City.

Tankstelle für durstige Kehlen: einer der vielen „very british"
anmutenden Pubs in Québec City.

Der Brunnen beim Centre de Congres gehört zu den beliebtesten Treffpunkten der Stadt.

Frankophones Erbe: An die französische Nationalheldin
erinnert in Québec City der Parc Jeanne d'Arc.

Was erwartet man hier an der Schwelle zum kalten Nordatlantik anderes als schroffe Felsen mit kackenden Seevögeln darauf? Ist dies nicht der St.-Lorenz-Golf, die größte Flussmündung der Erde? Und schlagen dessen Wellen etwa nicht gegen Gestade wie Labrador, Anticosti und Neufundland, deren Namen nach Frostbeulen klingen? Doch dann reibt man sich die Augen. Von dicken grünen Matten überzogene hügelige Inselchen tauchen auf, sieben an der Zahl, durch Sandbänke und Brücken miteinander verbunden. Türkisfarbene Lagunen schimmern, gelbe Strände leuchten, und gleich hinter den Dünen die bunten Häuser der Insulaner, der Madelinots.

Eine friedliche Vision

Als erster Europäer vor Ort namentlich verbürgt ist Jacques Cartier. Der Kapitän aus St. Malo sah die Inseln im Frühsommer 1534. Wenig später errichtete er, so war es damals Sitte, im heutigen Städtchen Gaspé auf der Gaspésie-Halbinsel ein Kreuz und erklärte alles Land bis zum Horizont und dahinter zum Eigentum Frankreichs. Im Jahr darauf segelte er den St.-Lorenz-Strom hinauf. Doch nicht *er* machte das Land an den Ufern zur Wiege Neufrankreichs und damit zum Kernland der heutigen Provinz Québec, sondern sein Landsmann Samuel de Champlain. Der gründete im Jahr 1608 an einer Stelle, die von den Irokesen „kebec" („der Ort, wo der Strom enger wird") genannt wurde, ein hölzernes Fort namens „Habitation de Québec". Bis zu seinem Tod im Jahr 1635 arbeitete Champlain, der Augenzeuge der Versklavung der Ureinwohner in den spanischen Kolonien Mittelamerikas geworden war, unermüdlich an seiner Vision eines Gemeinwesens, in dem Indianer und Franzosen, Hugenotten und Katholiken friedlich zusammenleben konnten. Heutige Champlain-Experten vermuten sogar, dass der erste Gouverneur Neufrankreichs bewusst die Saat für eine neue multikulturelle Gesellschaft streute.

Viel Geschichte auf engstem Raum: Blick von der Zitadelle auf Québecs Altstadt.

In der Rue St.-Jean bieten Restaurants Einkehrmöglichkeiten und
Erholung vom Altstadtbummel.

Nightlife in Québec City: Nachts verwandelt sich die Rue St.-Jean zur Ausgehmeile.

St.-Lorenz-Strom

Special

Kanadas Schicksalsstrom

Majestätisch fließt der St.-Lorenz-Strom dem Atlantik entgegen. Bei seinem Anblick geht nicht nur den Québecern das Herz auf.

An seinen Küsten liegen die schönsten Landschaften der Provinz, wildromantische Gegenden wie das Charlevoix oder die vom nördlichen Ausläufer der Appalachen gebildete Gaspésie-Halbinsel. Umgangssprachlich schlicht „le fleuve" genannt, ist „der Fluss", an dem schon früh Indianerstämme siedelten, nicht nur Nordamerikas wichtigster Wasserweg, sondern – als Tor Europas nach Nordamerika – auch Kanadas Schicksalsstrom.

Um das Jahr 1000 segelten die Wikinger durch die Meerenge der Labrador Straits in den St.-Lorenz-Golf. Im 16. Jahrhundert reisten nicht nur Jacques Cartier, sondern auch baskische Walfänger stromaufwärts. Das 17. Jahrhundert brachte Siedler aus Frankreich, adlige Grundherren und mittellose Bauern, Gouverneure, Intendanten, Soldaten. Die Briten vermochten erst im Jahr 1759, nach mehreren Versuchen, Québec einzunehmen. Im

Alles fließt: bei Deschambault.

19. Jahrhundert folgten vornehmlich arme irische Einwanderer.

Im Jahr 1914 ereignete sich auf dem Strom eine der größten Seefahrtskatastrophen, als vor Rimouski der Passagierdampfer „Empress of Ireland" im Nebel mit einem anderen Schiff kollidierte. Mehr als 1000 Menschen kamen dabei ums Leben.

Die Vollendung des St.-Lorenz-Seewegs 1959 läutete ein neues Kapitel ein. Als System von Schleusen, Vertiefungen, Kanälen ermöglicht der Seeweg seither den durchgängigen Schiffsverkehr vom Atlantik bis zu den Großen Seen im Herzen des Kontinents.

Treffpunkt der Kulturen

Inzwischen haben die Zeitläufte Québec zu einem Treffpunkt der Kulturen gemacht. Im 18. und 19. Jahrhundert kamen Engländer, Schotten und Iren, nach dem Zweiten Weltkrieg Einwanderer aus aller Welt. Aber trotz 200-jähriger Anglo-Dominanz und trotz aller Differenzen mit der Grande Nation blieb Québec der französischen Sprache und Kultur verbunden. Zugleich sind Québecs Kreative aber auch eine feste Größe im kanadischen und US-amerikanischen Kulturbetrieb. Oft wird die Provinz deshalb als Meeting Point zwischen Europa und Amerika beschrieben. Bei Besuchern sorgt das schon mal für Irritationen: Ist Nordamerika nicht englischsprachig? Schon bald wird klar, was anders ist. Die Highways heißen jetzt „Autoroute", auf den Stopp-Schildern steht „Arret". Selbst die Fastfoodkette Kentucky Fried Chicken wird, zumindest verbal, zu „Poulet frit à la Kentucky" geadelt.

Zugleich ist Québec aber auch ein ansehnliches Stück Kanada! In der größten Provinz des Landes hätte ganz Deutschland etwa viermal Platz! Die Wald-, Seen- und Felsenlandschaft des Kanadischen Schilds bedeckt mehr als vier Fünftel der Fläche. Dieser stülpt sich im Süden zu der wunderbaren, bis zu 1000 Meter hohen Berglandschaft Charlevoix auf, bevor er sich am Sankt-Lorenz-Strom mit einer grandiosen Küstenlinie verabschiedet.

Den äußersten Süden der Provinz dominieren die Appalachen. In den wilden

Im Jahr 1984 zum Schutz von Fauna und Flora eines von den Gezeiten des St.-Lorenz-Golfs geprägten Feuchtgebietes gegründet, …

… ist der Parc National du Bic heute eine Idylle für Wanderer, Biker, Kajakfans, Vogelkundler und Robbenbeobachter.

Höher als die Niagarafälle, aber nicht ganz so bekannt: die etwa zehn Kilometer nördlich von Québec City gelegenen, 87 Meter tief über eine Felskante stürzenden Chutes de Montmorency

Sehen Sie hier irgendwo einen Elch? Trotzdem: Der Name der 270 Kilometer nordöstlich von Québec City am Ufer des St.-Lorenz-Stroms gelegenen Stadt Rimouski bedeutet „Land des Elchs".

subarktischen Monts Chic-Chocs auf der Gaspésie-Halbinsel erreichen sie annähernd 1300 Meter, am Ende stürzen sie im fotogenen Parc National de Forillon in einem furiosen Finale in den Atlantik.

Dazwischen liegt das fruchtbare St.-Lorenz-Tiefland. Über 80 Prozent der 8,3 Millionen Québecer leben hier, Montréal und die Provinzhauptstadt Québec City sind die größten Städte. Doch selbst in diesem gerade mal 200 Kilometer breiten Siedlungsgürtel können Autofahrten Expeditionen sein. 1300 Kilometer sind es von Montréal nach Natashquan kurz vor Labrador, 1000 von Montréal nach Percé: Kanadas ausladende Geografie bringt sich schnell wieder in Erinnerung.

Moderne Wirtschaft

Québecs Wirtschaft präsentiert sich leistungsfähig und diversifiziert. Anfangs vor allem für ihre natürlichen Ressourcen bekannt – im hohen Norden produzieren gigantische Wasserkraftwerke viel Strom für den Export – machte sich die Provinz inzwischen einen Namen als Standort dynamischer Spitzenindustrien wie Pharma- und Biotech-Industrie, Informations- und Kommunikationstechnologie, Photonik und Multimedia-Anwendungen. Im Québecer Luftfahrtsektor sind mehr als 42 000 Menschen beschäftigt. Niedrige Standortkosten locken Inves-

toren, mit dem größten Budget für Forschung und Entwicklung aller Provinzen signalisiert Québec, dass es auf eine innovative Wirtschaft setzt. Dabei bleiben traditionelle Industriezweige wichtig. Weltgrößter Exporteur von Zeitungspapier ist man weiterhin, auch drittgrößter Aluminiumhersteller. Die Energiepolitik basiert auf der Entwicklung sauberer Energiefor-

Wasserkraft sorgt für 97 Prozent der Stromerzeugung.

men: Imposante 97 Prozent der Stromerzeugung beruhen auf Wasserkraft.

Heftig umstritten ist dagegen die geplante Förderung von Schiefergas (Gaz de Schiste). Denn Schiefergas wird mittels Fracking gewonnen. Bei dieser Methode presst man zunächst unter Hochdruck eine Mischung aus Wasser, Sand und Chemikalien ins Gestein. Auf diese Weise entstehen Risse, durch die später das Gas hochgepumpt wird.

Das Thema ist nicht neu, in Alberta und Saskatchewan, aber auch in Pennsylvania wird schon lange Schiefergas auf diese Weise gewonnen. Dabei sind die Risiken des Frackings noch längst

nicht genügend erforscht. Vor allem das Wirken der dabei eingesetzten Chemikalien ist nach wie vor unkalkulierbar.

Im kanadischen Westen findet diese Form der Gasgewinnung vorwiegend in unbewohnten Gegenden statt. In Québec aber stießen Regierungsbeamte und Gasfirmen auf einen so energischen Widerstand, dass sich die Provinzregierung

schon 2011 zum Zurückrudern gezwungen sah und eine Umweltstudie in Auftrag gab. Im Jahr darauf verkündete man ein fünfjähriges Frackingmoratorium für das dicht besiedelte Gebiet zwischen Montréal und Québec City. Dennoch ließ Québec City 2014 verlautbaren, dass man nun Probebohrungen auf der Île d'Anticosti finanziell unterstützen wolle. Nach dem Regierungswechsel im Dezember 2014 verkündeten die Liberalen ein permanentes Frackingverbot für das St.-Lorenz-Tiefland. Bezüglich der Zukunft des Frackings auf Anticosti ist die Haltung der Provinzregierung bislang leider weniger eindeutig ...

Zwischen Dunham und Stanbridge East verläuft die Route des Vignobles (alle Abbildungen): Dass an dieser Weinstraße überhaupt edle Trauben angebaut werden können, hört sich angesichts des eisigen kanadischen Winters etwas erstaunlich an. Und doch keltert in dieser Region seit den 1980er-Jahren ein gutes Dutzend engagierter Winzer einen zum Teil hervorragenden Wein, der auch auf internationalem Parkett bestehen kann. Grundlage dieses Erfolgs sind, wen wundert's, Traubensorten, die mit weniger Sonnentagen als andere auskommen und auch nicht so kälteempfindlich sind wie andere Sorten.

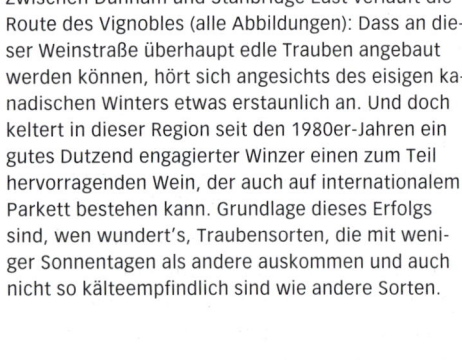

Kreative Kulturszene

Eine immer stärkere wirtschaftliche Rolle in Québec spielen Kultur und Medien. Im Windschatten des international erfolgreichen Cirque du Soleil entstanden Ensembles wie der Cirque Éloize und die weltweit spielende Pferde-Show Cavalia. Québecer Filmschaffende wie Denys Arcand und Philippe Falardeau, Sänger und Sängerinnen wie Pierre Lapointe und Lynda Lemay, Theaterregisseure wie Guy Lepage verschafften dem kreativen Potenzial der Provinz weltweit Anerkennung. Dabei war Québec bis Anfang der 1960er-Jahre noch durchweg ländlich geprägt, galt das dort gesprochene Französisch als Idiom einer armen, bildungsfernen Unterschicht. Die katholische Kirche kontrollierte Schul- und Gesundheitswesen und übte einen beispiellosen Einfluss auf ihre Schäflein aus. Großfamilien waren die Norm. Auch Weltstar Céline Dion wuchs mit 13 Geschwistern auf.

Mit dem sozioökonomischen Klimawandel der frühen Sechzigerjahre änderten sich die Verhältnisse grundlegend. Das Bildungswesen wurde säkularisiert, die Elektrizitätswirtschaft verstaatlicht und modernisiert. Die „révolution tranquille", die „stille Revolution", führte auch zur Emanzipierung der frankophonen Einwohner von den dominierenden anglophonen Eliten. Die Provinzregierung nahm sich der Urangst der Québecer an, die fürchteten, von den sie umgebenden 300 Millionen Anglophonen assimiliert zu werden. Französisch wurde zur offiziellen Amtssprache erklärt, Chansonniers wie Gilles Vigneault, Félix Leclerc und Robert Charlebois sangen von der Schönheit ihrer Heimat und vom Stolz auf die reiche Folklore der Provinz. Mit dem Lied „Gens du pays" schuf Gilles Vigneault ein Chanson, das heute als Québecs inoffizielle Nationalhymne gilt.

Wilde Jungs in fliegenden Kanus

Sprachgesetze, Sprachpolizei, Unabhängigkeitsbestrebungen: In der Folgezeit wurde viel Porzellan zerbrochen. Hunderttausende Anglo-Québecer kehrten

Am Lac Monroe, einem von mehreren Hundert Seen im 1500 Quadratkilometer großen Parc National du Mont-Tremblant: Das älteste, rund 140 Kilometer nördlich von Montréal gelegene Naturschutzgebiet der Provinz wurde 1894 gegründet.

Der „durchlöcherte Fels" (Rocher Percé), hier im letzten Licht des erlischenden Tages, ist ein von Wind und Wetter geformtes Naturphänomen an der Spitze der Gaspésie-Halbinsel.

Größter Ort am Lac Memphrémagog ist Magog, ein beliebtes Städtchen
in den Eastern Townships östlich von Montréal.

der Provinz den Rücken, die wirtschaftliche Vormachtstellung ging an Ontario verloren. Inzwischen haben sich die Gemüter beruhigt. Viele Anglos sind wieder zurück und genießen die entspannte Lebensart der Provinz. Auf frankophoner Seite hatten die Ereignisse der letzten 40 Jahre eine identitätsstiftende Wirkung: Was früher noch als Folklore verschämt verschwiegen wurde, gilt heute als kulturelles Erbe. Eine beliebte Fabel, die „Chasse Galérie", wird sogar auf dem Bieretikett des Starkbieres Maudite (dt. „Verdammt") zitiert – als dezenter Hinweis auf den immensen Reichtum an hiesigen Volksüberlieferungen. Zu sehen ist darauf ein fliegendes Kanu mit robusten Holzfällern darin. Im Hintergrund grinst der Teufel, der weiß, die rauen Kerle werden ihr Versprechen, nicht zu fluchen, nicht halten und somit zur Hölle fahren.

Visitenkarten am Wegesrand

Versöhnt mit der Historie, gedenkt man der Zeitzeugen inzwischen vielerorts. So erinnert man im Pelzhandelsmuseum von Lachine in Montréal an die „Voyageurs" genannten Händler, die Ende des 18. Jahrhunderts in einem Sommer von Montréal zum Lake Superior und zurück paddelten. Auf der Route 138 zwischen Montréal und Québec, dem alten „Chemin du Roy", fährt man durch die ältesten Dörfer Nord

amerikas; ein schönes Stück Neufrankreich mit alten Häusern und unverhältnismäßig großen Kirchen. Zur erinnerten Historie gehören auch die Motorschlitten des Tüftlers J. Armand Bombardier im gleichnamigen Museum in Valcourt südöstlich von Montréal und das den Holzfällern gewidmete Village Forestier in Grandes-Piles nördlich von Trois-Rivières. Zur Tradition zählen quasi in allen Ahornwäldern die „Cabanes à sucre" genannten Zuckerhütten, wo in jedem Frühjahr der Ahornsaft zu Sirup gekocht wird und die Québecer mit Kind und Kegel bei ausgiebigen Mahlzeiten den langen Winter verabschieden. Heute sind das alles feste Bestandteile der Québecer Kultur – und unverzichtbar für das Verständnis der frankokanadischen Seele.

Wehrhaftes Symbol

Samuel de Champlain hätte das alles sicher gemocht. Seine Statue steht heute in der Oberstadt von Québec City, gleich neben dem Chateau Frontenac, dem wohl meistfotografierten Hotel der Welt.

Den St.-Lorenz-Strom tief unten im Rücken, blickt der „Vater Neufrankreichs" sinnierend über den Touristenrummel auf dem alten Exerzierplatz zu den Häusern des *ancien régime* hinüber. Sein hölzernes Fort, das er 1608 dort baute, wo heute die Place-Royale das Zentrum der kompakten Unterstadt markiert, wurde zur Keimzelle Kanadas und Québec zur Wiege Französisch-Nordamerikas.

Serpentinenstraßen und steile Treppen verbinden Unter- und Oberstadt miteinander, ein „Funiculaire" genannter Fahrstuhl fährt die trennende Felsenwand noch schneller auf und ab. Kopfsteinpflaster, grünspanige, steile Dächer, Brandmauern, von Ochsenkarren einst rundgescheuerte Häuserecken und Geschichte in einer Konzentration, wie man sie sonst nirgends in Nordamerika findet: Die verwinkelte Altstadt gehört zum UNESCO-Welterbe – nicht nur ihrer Stadtmauer wegen, der einzigen nördlich von Mexiko. Für die Québecer ist sie jedoch viel mehr. Nämlich ein wehrhaftes Symbol ihrer Sprache und Kultur.

Québec wurde zur Wiege Französisch-Nordamerikas.

Die schönsten Inseln

Kanadisches Inselhüpfen

Bei 200 000 Kilometern Küstenlinie ist es nicht verwunderlich, dass Kanada nicht nur schöne Hafenstädte besitzt, sondern auch zahllose den Küsten vorgelagerte Inseln. Wir haben sechs der schönsten für Sie ausgesucht. Alle sind leicht erreichbar und bieten doch jenes „Weit-weg-von-allem-Gefühl", das Ihnen nicht nur das ultimative Kanadafeeling garantiert, sondern auch beim notwendigen Entschleunigen hilft.

③ Entry Island (Québec)

Schon bald nach der Anlegestelle geht es an bunten Häuschen vorbei zum höchsten Punkt der Insel. Der Rundumblick vom Gipfel des 174 m hohen Big Hill lohnt den schweißtreibenden Anstieg: Entry Island, auf französisch Île d'Entrée, ist ein Augenschmaus. Sattgrün leuchten ihre baumlosen Matten, goldgelb ihre Strände und Steilküsten, türkis das Wasser des St.-Lorenz-Golf. Ganze sieben Quadratkilometer ist die Insel groß, gerade 100 irisch- und schottischstämmigen Menschen leben hier. Einer davon betreibt ein gemütliches B&B mit drei Zimmern und herrlichem Blick auf die See und den Big Hill. Und auf die täglich verkehrende Fähre nach Cap-aux-Meules drüben auf den „Maggies". So nennt man hier die in der Ferne millimeterhoch aus dem Meer ragenden Îles de la Madeleine, zu denen man ja eigentlich gehört …

Tourisme Îles de la Madeleine, 128 ch. Principal, Cap-aux-Meules, Tel. 41 89 86 22 45, www.tourisme ilesdelamadeleine.com

① Pelee Island (Ontario)

Reif für die Insel? Pelee Island im Lake Erie ist der südlichste bewohnte Punkt Kanadas, ein 42 km² großes, ländlich geprägtes Eiland mit gut 200 verstreut lebenden Insulanern darauf und ein paar B&Bs. Es gibt ein wunderschönes Schutzgebiet namens „Fish Point Nature Reserve" mit einer Flora, die man sonst erst viel weiter südlich vorfindet, und einen Radverleih unweit des Piers, wo die Autofähre aus Leamington anlegt. Das Tempo ist gemächlich, der Verkehr gleich null und das Klima angenehm warm. Und der Wein erst: Die Pelee Island Winery, die südlichste Kanadas, produziert hervorragende Rieslings und Chardonnays. Diese (und auch gute rote) kann man bei einer Weinprobe probieren. Ob vor oder nach der Radtour ist egal. Der Verkehr ist, wie bereits erwähnt, gleich null …

Township of Pelee, 1045 West Shore Rd., Tel. 51 97 24 29 31, www.pelee.org

② Île d'Orléans (Québec)

Wie ein riesiger Walrücken liegt sie in Sichtweite von Québec City im St.-Lorenz-Strom, diese 34 km lange und bis zu acht Kilometer breite Insel, die als ältestes Siedlungsgebiet Kanadas gilt, etwas Landwirtschaft zwischen dichten Wäldchen betreibt und sechs Dörflein besitzt, die zu den romantischsten in Kanadas Osten zählen. Mieten Sie sich ein Rad und machen Sie die Tour de Île, die Tour rund um die Insel. Genießen Sie die herrlichen Vistas auf den Strom und die zu hohen Bergen aufgestülpten Ränder des Kanadischen Schild am Nordufer des Stroms. Abends dann betteln die Pensionen, B&Bs und Bistros der Insel förmlich um Entschleunigung. Vor allem jene in Ste-Pétronille am westlichen Ende der Insel. Dort können Sie auf einer der Terrassen bei einem Gläschen Wein den Sonnenuntergang jenseits des St.-Lorenz-Stroms über Vieux-Québec besonders stilecht verfolgen!

Tourisme Île d'Orléans, 490 cote du Pont, Saint-Pierre. Tel. 86 69 41 94 11, http://tourisme.iledorleans.com/en

1

2

4 Île d'Anticosti (Quebec)

Dass der Pilot vor der Landung in Port-Menier, der einzigen Siedlung, noch eine Extrarunde drehen muss, um sich die Landebahn näher anzusehen, ist nicht ungewöhnlich. Weißwedelhirsche will er dort unten nämlich nicht haben. Auf Anticosti, mit 7900 km² fast so groß wie Korsika, leben nur 200 Menschen, dafür aber 160 000 Exemplare dieser Hirsche! Die Insel liegt im St.-Lorenz-Golf und ist im Sommer ein Paradies für Wanderer und Angler. Zudem kann man, ausgerüstet mit Funkgeräten, im Sattel PS-starker Quads auf steinigen Holperpisten tiefer in das unbewohnte Inselinnere vordringen. Über die Hälfte der Insel wird von der Sépaq Anticosti verwandelt. Die für die Nationalparks von Québec zuständige Behörde organisiert mehrere mehrtägige Touren ab Montréal und Québec City.

Sépaq, Place de la Cité, Cominar Tower, 2640 Blvd. Laurier, Suite 1300, Québec (Québec) G1V 5C2, Tel. 41 86 86 48 75, www.sepaq.com

5

5 Janvrins Island (Nova Scotia)

Wer vom Festland Nova Scotias über den Canso Causeway nach Cape Breton Island übersetzt, pflegt in der Regel den Cabot Trail im Norden im Blick zu haben. Dabei wartet das alte Cape Breton, das untouristische der schottisch- und akadischstämmigen Fischer, nur ein paar Brücken und Dämme entfernt am leeren Hwy. 206. Martinique, Poulamon und Petit-de-Grat heißen die Fischerhäfen auf der Île Madame, und am Ende der Straße liegt, nach weiteren Brücken und Dämmen, ein Eiland namens Janvrin's Island mit vielleicht 200 Seelen und einem kleinen, von Deutschen betriebenen Resort. In diesem findet man urgemütliche Blockhütten, Leihräder für Radtouren über die Inseln und Kajaks. Denn die kann man hier, wie schön, quasi überall zu Wasser lassen!

IVIPI Lodge – Vollmer's Island Paradise Inc., 1489 Janvrin's Harbour Rd., Tel. 90 22 26 15 07, www.vipilodge.com

6 St-Pierre-et-Miquelon (Frankreich)

Der einzige Ort auf der Welt, wo man Frankreich von Kanada aus sehen kann! Das ist zwar etwas gemogelt, doch dies ist die Wahrheit: Die Fahrt mit der Fähre von Fortune auf Neufundland nach dem nur 55 Minuten entfernten St-Pierre-et-Miquelon, einem französischen Überseedepartement, ist der wohl ungewöhnlichste Abstecher in Nordamerika. Viel zu sehen gibt es nicht – die eigentliche Attraktion ist die geografische Amnesie, die Sie befällt, sobald Sie hier an Land gehen. Denn die rund 6000 Insulaner sind französische Staatsbürger und bezahlen ihren Rotwein wie ihre Baguettes in Euro. Gleich hinter dem Zollgebäude (Reisepass!) umfängt Sie nordfranzösische Kleinstadtatmosphäre – Bäckereien, Bistros mit Pariser Flair und hupend durch die engen Straßen rollende Renaults inklusive. Die Restaurants sind natürlich hervorragend. Nur die Tageszeitung „Le Figaro" ist von gestern. Aber 55 Minuten von Kanada entfernt lässt sich das entschuldigen …

http://st-pierre-et-miquelon.com/en/

Mal mild, mal wild

Bonjour Québec! Wale und Wildnis, typisch kanadische Weite und französisch geprägtes savoir vivre: Eine Reise durch Québec macht mit der größten – und charmantesten – Provinz des Landes bekannt, in der die Alte und die Neue Welt eine faszinierende Verbindung eingegangen sind.

❶ Trois-Rivières

Die zweitälteste (1634) Stadt der Provinz (131 400 Ew.) liegt zwischen Montréal und Québec am Nordufer des St.-Lorenz-Stroms. Größter Arbeitgeber ist die Papierindustrie.

SEHENSWERT/MUSEUM/UMGEBUNG

Ein Spaziergang durch die Altstadt lohnt sich. Vor allem die Rue des Ursulines mit ihren Häusern des „ancien régime" und das Monastère des Ursulines bieten schöne Fotomotive. Wissenswertes über die Papierindustrie erfährt man im **Museum Boréalis** (200 ave. des Draveurs, tgl. 10.00–18.00 Uhr, Eintritt: 13,25 $, www.borealis3r.ca). Vom **Parc National de la Mauricie** erhält man den besten Eindruck auf der 60 km langen „route panoramique" (www.pc.gc.ca/fra/pn-np/qc/mauricie/index.aspx). Der sich hinter Trois-Rivières fortsetzende **Chemin du Roy** (heute: Rte. 138) ist mit Dörfern wie Batiscan und Deschambault ein Fest für Fotografen (www.lecheminduroy.com).

INFORMATION

Tourisme Mauricie, 1882 rue Cascade, Shawinigan, Tel. 81 95 36 33 34, www.mauricietourism.com

❷ – ❿ Québec City

Wiege Neufrankreichs, Kanadas romantischste Stadt: Die alte Kapitale, heute mit 810 000 Ew. blühende Metropole, ist Komplimente gewöhnt. 1608 gegründet, wuchs ❷ **Québec TOPZIEL** als Hauptstadt der Kolonie Neufrankreich und Umschlagplatz eines Pelzhandelsimperiums, das bis zu den Rocky Mountains reichte.

SEHENSWERT

Oberstadt: Die Erkundung pflegt mit dem grandiosen, 1924 fertig gewordenen Luxushotel ❸ **Château Frontenac** zu beginnen. Die 600 m lange Terrasse Dufferin dahinter bietet einen herrlichen Blick auf den Strom. Im kleinen ❹ **Musée du Fort** (10 rue Ste-Anne, Jan.–März Do.–So. 11.00–16.00, April–Okt. tgl. 10.00–17.00 Uhr, Eintritt 8 $, www.museedufort.com) wird mehrmals tgl. die Eroberung Québecs nachgespielt. In der ❺ **Basilique-Cathédrale Notre-Dame-de-Québec** (Place de l'Hotel-de-Ville) ruhen 900 verdiente Québecer. Den schönsten

Oben: Gaspésie-Halbinsel mit Blick auf den Rocher Percé. Rechts: Bouquinistenflair in der Rue Sainte-Ursule in der Altstadt von Québec.

Tipp

Inselbiotop

1979 taten sich Umweltschützer und Biologen zur Société Duvetnor zusammen, um die Inseln vor Riviere-du-Loup (19 400 Ew.) zu kaufen und so zu verhindern, dass dort ein Terminal für Erdgas aus der Arktis gebaut wurde. Zehn Jahre später machte die finanziell stets klamme Société einige der **Îles du Bas-Saint-Laurent** der Öffentlichkeit zugänglich. Der alte Leuchtturm auf der Île „Brandy Pot" wurde restauriert und in ein B&B verwandelt, ein paar der übrigen Inseln erhielten Cottages für Selbstversorger. Von Biologen geleitete Exkursionen führen nun zu Robben- und Seevogelkolonien. Der Aufenthalt auf den Inseln ist zeitlich begrenzt, um die Belastung des Inselbiotops möglichst gering zu halten.

SOCIÉTÉ DUVETNOR

200 rue Hayward, Tel. 41 88 67 16 60, www.duvetnor.com

Blick auf Stadt und Strom hat man von der ❻ **Citadelle** (1 Côte de la Citadelle). **Unterstadt:** Der Aufzug „Funiculaire" verbindet die Ober- mit der Unterstadt. Hauptattraktion ist die ❼ **Rue du Petit-Champlain** mit kleinen Galerien, Boutiquen und Restaurants. An der **Place Royale** erinnert die Église ❽ **Notre-Dame-des-Victoires** an Siege über die Briten. Ein paar Minuten weiter residiert das ❾ **Musée de la Civilisation** (85 rue Dalhousie, Di.–So. 10.00–17.00 Uhr, Eintritt 16 $, www.mcq.org). Die ❿ **Promenade des Gouverneurs** ist ein schöner Spaziergang mit Fluss-Blick. Er beginnt auf der Terrasse Dufferin, setzt sich unterhalb der Zitadelle fort und endet im Parc des Champs-de-Bataille.

VERANSTALTUNGEN

Der **Carnaval de Québec** im Februar gilt als größter Winterkarneval der Welt (www.carnaval.qc.ca). Das **Festival d'Été** im Juli gehört zu den größten Freiluft-Veranstaltungen Kanadas (www.infofestival.com).

RESTAURANTS

Pariser Spezialitäten in Brasserie-Atmosphäre serviert das €€ **Café du Monde** (57 rue Dalhousie, Tel. 41 86 92 44 55). Das €€€ **Panache**

„Le Grand Rassemblement" (die große Versammlung) heißt die Skulpturengruppe des Künstlers Marcel Gagnon bei Sainte-Flavie, dem Tor zur Gaspésie-Halbinsel.

in der Auberge Saint-Antoine (8 rue St-Antoine, Tel. 41 86 92 10 22) steht für feinste regionale Gourmet-Küche. Das €€ **Cochon Dingue** (64 boul. Champlain, Tel. 41 86 92 20 13) ist eine gute Adresse für leichte Gerichte tagsüber.

UNTERKÜNFTE

Das €€€€ **Château Frontenac** (1 rue des Carrières, Tel. 41 86 92 38 61, www.fairmont.com/frontenac) ist ein Klassiker. Preiswerter ist das €€€ **Hôtel Château Laurier** (1220 place George-V Ouest, Tel. 18 77 5 22 81 08, www.hotelchateaulaurier.com). Gemütlich ist das kleine €/€€ **Cap Diamant** (39 ave. Ste-Geneviève, Tel. 41 86 94 03 13, www.hotelcapdiamant.com) im Schatten des Château Frontenac.

INFORMATION

Office du Tourisme de Québec, 835 ave. Wilfrid-Laurier, Québec, Tel. 41 86 41 62 90, www.quebecregion.com

⑪ Baie Saint-Paul

Bohème 100 km nordöstlich von Québec: Das hübsche Baie Saint-Paul (7500 Ew.) im Charlevoix am Nordufer des St.-Lorenz-Stroms ist eine alte Künstlerkolonie. Dutzende Galerien säumen die Rue Ambroise-Fafard und Rue St-Jean Baptiste. Zeitgenössisches Kunstschaffen ist im **Musée d'Art Contemporain** (23 rue Ambroise-Fafard, tgl. 11.00–17.00 Uhr, Eintritt 10 $, www.macbsp.com) zu sehen. Eines der fotogensten Dörfer Québecs ist das winzige **St-Joseph-de-la-Rive**. Die hiesige, wunderbare **Papeterie Saint-Gilles** (304 rue Félix-Antoine Savard, tgl., Eintritt gegen Spende, www.papeteriesaintgilles.com) stellt handgeschöpftes Qualitätspapier her. Eine kleine Fähre verbindet St-Joseph mit der bei Radfahrern beliebten **Île-aux-Coudres**.

RESTAURANTS/UNTERKUNFT

Leckere „cuisine régionale" gibt es in Baie Saint-Paul im urigen €€ **Mouton Noir** (43 rue Ste-Anne, Tel. 41 82 40 30 30). Einheimische Pubgerichte serviert das €/€€ **Le Saint-Pub** (2 rue

Tipp

Schlafen im Schloss

In Pointe-à-la-Garde an der ländlichen Südküste der Gaspésie-Halbinsel lebt der einzige Schlossherr Kanadas. Schon 1979 weihte Jean Roussy in einem dichten Wald ein paar Hundert Meter von der Route 132 entfernt landeinwärts sein **Château Bahia** ein. Roussy nennt es auch gern „Neuschwanstein 2", und tatsächlich: Mit seinen vier Türmen und sieben Zinnen sieht das ganz aus Holz gebaute Schloss ein wenig so aus wie sein gandioses Vorbild in Bayern. Die 26 Gästezimmer – einige davon Turmzimmer mit tollem Blick auf die Baie des Chaleurs – sind einfach eingerichtet; gespeist wird bei gemütlichem Kerzenlicht an einer langen Tafel.

€ CHATEAU BAHIA

152 boul. Perron, Pointe-à-la-Garde, Tel. 41 87 88 20 48, www.chateaubahia.com

Racine, Tel. 41 82 40 23 32). Das von Gärten umgebene €/€€ **Hôtel La Roche Pleureuse** auf der Île-aux-Coudres (2901 chemin des Coudriers, Tel. 41 84 38 27 34) bietet herzhafte Küche und unverbaute Blicke auf den Strom.

INFORMATION

Tourisme Charlevoix, 495 boul. de Comporté, La Malbaie, Tel. 41 86 65 44 54, www.tourisme-charlevoix.com

⑫ La Malbaie

Das zwischen steilen Berghängen liegende Städtchen La Malbaie (9200 Ew.) ist seit über hundert Jahren eine beliebte Sommerfrische. Im Stadtteil **Pointe-au-Pic** findet man schöne alte Häuser und das fantastische Blicke über den Strom bietende Luxushotel Manoir Riche-

lieu (www.fairmont.com/richelieu). Der **Parc National des Hautes Gorges** im Hinterland ist mit bis zu 800 m tiefen Schluchten ein wahres Hiker-Paradies (www.sepaq.com/pq/hgo).

⑬ Tadoussac

Das 900-Seelen-Städtchen begann im Jahr 1600 als Pelzhandelsposten. Am Eingang zum Saguenay-Fjord liegend, ist es für seine Walbeobachtungstouren berühmt. Das **Centre d'interprétation des mammifères marins** (108 rue de la Cale Sèche, tgl., www.gremm.org) informiert über die Meeressäuger vor der Haustür.

RESTAURANT/UNTERKUNFT

Gourmetküche zum vernünftigen Preis: Bei €€ **Chez Mathilde** (227 rue des Pionniers, Tel. 41 82 35 44 43) isst das Auge mit. Schönste Bleibe im Ort: das gute alte €€/€€€ **Hôtel Tadoussac** (165 rue Bord-de-l'eau, www. hoteltadoussac.com) mit dem legendären roten Dach.

UMGEBUNG

Der beste Ort für die (politisch korrekte) Walbeobachtung vom Land aus – ist das **Cap-de-Bon-Désir** in Les Bergeronnes unweit Tadoussac.

INFORMATION

Tourisme Côte-Nord/Manicouagan, 337 boul. La Salle, Baie-Comeau, Tel. 41 82 94 28 76, http://tourismecote-nord.com

⑭ Parc national du Bic

Das Schutzgebiet (www.sepaq.com/pq/bic) – ein für die Südküste typisches, 33 km² großes Feuchtgebiet 300 km nordöstlich von Québec, mit fotogenen Buchten und über 300 m hohen Felsenrücken – lässt sich auf 25 Trailkilometern

Himmel, Land, See: der Parc National de Forillon ist einer der schönsten Nationalparks im Osten.

zu tollen Aussichten erwandern. Die **Baie du Ha! Ha!** ist ein beliebtes Kajak-Revier.

RESTAURANT/UNTERKUNFT

Romantischer geht's nimmer als in der €€/€€€ **Auberge du Mange Grenouille** (148 rue Ste-Cécile, Tel. 41 87 36 56 56, www.aubergedumangegrenouille.qc.ca) in Le Bic, mit erstklassigem Restaurant.

UMGEBUNG

In der Hafenstadt Rimouski 17 km nördlich von Le Bic lohnt die **Pointe-au-Père Site historique maritime** (1000 rue du Phare, tgl. 9.00 bis 18.00 Uhr, Eintritt 24 $, www.shmp.qc.ca).

INFORMATION

Tourisme Bas-Saint-Laurent, 148 rue Fraser, Rivière-du-Loup, Tel. 41 88 67 12 72, www.bassaintlaurent.ca

15 Parc national de la Gaspésie

Am besten beginnt man seine Tour auf der **Gaspésie-Halbinsel** TOPZIEL in Sainte-Flavie. Das 800 km² große Schutzgebiet im Innern der Halbinsel garantiert unvergessliche Naturerlebnisse. Kanuverleih: am **Lac Cascapédia**.

UNTERKUNFT
Das komfortable Sporthotel €€€ **Gîte du Mont-Albert** (einfache Zimmer, Restaurant; www.sepaq.com/pq/gma) vermittelt auch gemütliche Cottages für Selbstversorger, Campingplätze.

INFORMATION
Parc de la Gaspésie, 2001 route du Parc, Ste-Anne-des-Monts, Tel. 41 87 63 74 94, www.sepaq.com/pq/gas

16 Parc national de Forillon

Spektakuläre Steilküsten, Felsenbuchten, dichte Wälder: Der **Parc National de Forillon** TOPZIEL am Ende der Gaspésie-Halbinsel gehört zu den schönsten Nationalparks im Osten. Auf dem **Sentier de Mt-St-Alban** wandert man zu Aussichtspunkten über die Steilküste. Logis bieten mit Tisch und Betten ausgestattete Jurten und Zelt-Trailer auf den Campingplätzen.

INFORMATION
Parc National de Forillon, 122 boul. Gaspé, Gaspé, Tel. 41 83 68 55 05, www.pc.gc.ca/pn-np/qc/forillon

17 Percé

Hauptattraktionen des hübschen Resortstädtchens (3800 Ew.) am äußersten Ende der **Gaspésie-Halbinsel** sind der über 400 m lange, 40 m hohe Rocher Percé vor der Küste, die Île Bonaventure mit der größten Tölpelkolonie des Kontinents sowie Walbeobachtungstouren (Touren: Les Bateliers de Percé, 162 rte. 132 Est, Percé, Tel. 41 87 82 29 74).

RESTAURANT/UNTERKUNFT
Wunderbare Blicke auf den Rocher Percé und eine gute Küche bietet das €€/€€€ **Hôtel Normandie** (221 rte. 132 Ouest, Percé, Tel. 41 87 82 21 12, www.normandieperce.com).

MUSEUM
Im **Musée de la Gaspésie** (80 boul. de Gaspé, Juni–Okt tgl. 9.00–17.00, sonst Mi.–Fr. 10.00 bis 17.00, Sa./So. erst ab 12.50 Uhr, Eintritt 12,50 $, www.museedelagaspesie.ca) wird die Kulturgeschichte der Region spannend inszeniert.

INFORMATION
Tourisme Gaspésie, 1020 boul. Jacques-Cartier, Mont-Joli, Tel. 41 87 75 22 23, www.tourisme-gaspesie.com

---

DuMont Aktiv

Durch die wilden Chic-Chocs

Hochalpine Tundren, weidende Karibus, von den unerbittlichen Labrador-Stürmen gebeugte Nadelbäume: Auf dem Sentier International des Appalaches, der Verlängerung der von Georgia heraufkommenden Fernwanderer-Legende, erlebt man Québecs raueste Wildnis pur.

Der Trail ist jetzt eine natürliche Treppe, mit unregelmäßigen Stufen aus flechtenbekleckerten Felsbrocken, aus denen Kristalle und Katzengold schimmern. Rechts und links wachsen subarktische Moose und Flechten. Bald reduziert sich unsere Ausdauer auf die Länge einer Serpentine. Auf dem Gipfel des Mont-Albert, einem geröllübersäten Hochplateau ohne Baum und Strauch, stoßen wir auf den International Appalachian Trail (IAT) an. Wir stehen auf dem höchsten Punkt dieses Meers aus Bergen: Was für ein Rundumblick!

Die 100 km des IAT durch den Parc de la Gaspésie führen vom Mont Jacques-Cartier (1268 m) bis zum Mount Logan (5959 m), Kanadas höchstem Gipfel. Für die Begehung dieses Teils des Trails werden meist neun Tage berechnet. Eine gute körperliche Verfassung und Erfahrung mit mittleren bis schweren Wildnistrails sind Voraussetzung. Übernachtet wird in einfachen, mit Bett und Tisch ausgestatteten Hütten, die Verpflegung wird entweder mitgeführt oder zuvor von Parkrangern dort deponiert. Naturfreunde ohne Wildniserfahrung können sich geführten Gruppen anschließen.

Weitere Informationen

Sentier International des Appalaches Québec (1118 chemin de la Grève, Matane, Tel. 41 85 62 78 85, www.sia-iat.com/accueil.html) veranstaltet geführte Touren (auch deutschsprachige Guides) durch die Monts Chic-Chocs.

Links: Der Weg ist das Ziel. Unten: Wildnis pur in den Chic-Chocs-Mountains.

Seetang und Salzwasser

Alle Wege führen zum Meer. In den kanadischen Atlantikprovinzen ist es selten mehr als eine Autostunde entfernt: New Brunswick, Prince Edward Island, Nova Scotia und Newfoundland & Labrador wurden vom rauen Klima und der Fischerei geprägt. Strand- und Spaßtourismus sind hier Fehlanzeige. Aber wer die einfachen Freuden des Lebens sucht, ist hier genau richtig.

Ins richtige Licht gesetzt: der Balanced Rock in der Nähe von Digby, im Westen Nova Scotias – eine hübsch erodierte Laune der Natur.

Zur artenreichen Pflanzen- und Tierwelt im Cape Breton Highlands National Park in Nova Scotia gehören auch Elche.

Herrlichste Ausblicke bietet der nördlich von Corney Brook die Küstenberge hinaufkletternde Skyline Loop Trail, ein 9,2 Kilometer langer Rundwanderweg, für den man zwischen zwei und drei Stunden benötigt.

Landschaftliche Attraktionen wie hier den Beulach Ban Waterfall erschließt man sich auf dem 298 Kilometer langen Cabot Trail, einer der spektakulärsten Küstenstraßen Nordamerikas.

Raufußhuhim Cape Breton Highlands National Park.

Das Meer gab, das Meer nahm, und was sich so dramatisch anhört, war auch in Wirklichkeit immer eine unwiderstehliche Mischung aus wahren Geschichten und Anekdoten mit unrasierten Raubeinen in den Hauptrollen.

Was für ein Land! Nach drei Wochen resümiert das Reisetagebuch: „Im Westen Newfoundlands düstere Steilküsten und schwere See gesehen. Explosiv sonnige Vormittage erlebt, waschküchenartige Nachmittage überstanden. Weidende Karibus in den Weiten der Tundra am Viking Trail fotografiert. In Labrador jungfräuliches Land betreten – dort hat der Mensch noch nicht alles passend gemacht. Auf Cape Breton Island im Gebüsch gleich neben dem Trail Elche gesehen! In Halifax und St. Johns verliebt, zwei Städte so charmant wie ein Klaps mit dem Kabeljau. Am Hopewell Cape in New Brunswick acht Stunden Zeit für den größten Gezeitenunterschied der Welt genommen. Das Meer ist hier auch an heißen Sommertagen so kalt, dass man in Sekundenschnelle verkrampft! Und trotzdem, unglaublich, auf Prince Edward Island schier endlose Sandstrände und über 20 Grad warmes Badewasser! Geografische Amnesie? Übrigens: noch nie so viele Witze gehört oder gelesen! Frage: Wie weiß man, dass man in Newfoundland ist? Antwort: Die Moskitos haben Landelichter!"

Alltag mit Meeresblick

Zu sagen, dass Atlantik-Kanada eine Menge mit Salzwasser zu tun hat, wäre noch untertrieben. Nova Scotia, etwas größer als die Schweiz und dennoch mit nicht mal einer Million Menschen die bevölkerungsreichste Provinz des Quartetts, sieht auf der Karte wie ein Hummer mit gewaltigen Scheren aus. Mit dem 20 000 Quadratkilometer größeren, aber weitgehend menschenleereren Nachbarn New Brunswick teilt man sich die riesige, für ihre Rekordgezeiten berühmte Bay of Fundy. An beider Nordküste schließlich schaukelt die Provinz Prince Edward Island wie ein Schiff auf den Wogen. Newfoundland & Labrador ist über Zweifel an dieser Bildsprache ohnehin erhaben. Vom Kabbelwasser des Nordatlantiks fest umschlungen, findet das weitaus größte Mitglied dieses Quartetts fast ausschließlich an den Küsten statt. Man darf deshalb ruhigen Gewissens behaupten, dass die große Mehrheit der Newfoundlander das Meer immer und zu jeder Zeit vor Augen hat.

Wie ein Abenteuerfilm

Das Meer gab, das Meer nahm, und was sich so dramatisch anhört, war auch in Wirklichkeit immer eine unwiderstehliche Mischung aus wahren, oft dramatischen Geschichten und Anekdoten mit unrasierten Raubeinen in den Hauptrollen. Um das Jahr 1000 herum balgten sich zunächst wackere Grönlandwikinger an der Nordspitze Newfoundlands mit „diebi-

UNESCO-Welterbe Lunenburg: Bunt gestrichene Holzhäuser säumen die älteren, vom Hafen aus ansteigenden Straßen des Zentrums. Gegründet wurde die Stadt im Jahr 1753 von deutschen und schweizerischen Protestanten.

Halifax ist die größte Stadt der kanadischen Atlantikprovinzen. Der im Jahr 1803 errichtete Uhrturm am Fuß des Citadel Hill ist ein Geschenk des Herzogs von Kent, dem sehr daran gelegen war, Soldaten und Einwohner dieser Stadt zur Pünktlichkeit anzuhalten.

In den alten Lagerhallen am Hafen von Halifax kann man heute gut shoppen und speisen.

„Nova Scotia" – hier eine Seenlandschaft bei Mabou, Cape Breton Island – bedeutet „Neuschottland" und verweist auf die ethnischen Wurzeln ihrer Bewohner. Viele davon sind Nachfahren schottischer, aber auch irischer, französischer und deutscher Einwanderer.

schen Indianern" (das mit der *political correctness* kam erst später). Rund 500 Jahre danach riskierten allein vor Red Bay in Süd-Labrador Hunderte baskischer Walfänger jeden Sommer Kopf und Kragen. Danach war von Jahr zu Jahr mehr los in diesen Gewässern. 1497 entdeckte John Cabot Newfoundland offiziell für England, doch im Hafen von St. John's hatte er Mühe, zwischen Fischerbooten aus ganz Westeuropa einen Ankerplatz zu finden. 1604 erklärte Pierre Dugua des Monts die Bay of Fundy als Frankreich zugehörig, auch wenn er hernach von der indigenen Bevölkerung mit „Adios Amigos" verabschiedet wurde.

Im 17. Jahrhundert machte der Pirat Peter Easton die Gewässer unsicher, im 18. und frühen 19. Jahrhundert kaperten kanadische Freibeuter im Dienst der Krone amerikanische Schiffe. Eastons Zeitgenossen, französischstämmige Akadier, begründeten rund um die Bay eine friedliebende Bauernkultur, wurden aber 1755 von den Briten deportiert – 6000 Menschen alles in allem –, weil sie auf ihrer Unabhängigkeit bestanden.

Deutsche, Schotten und Akadier
Siedler aus dem Vereinigten Königreich rückten nach, vor allem Deutsche und Schotten. Erstere ließen sich südlich von Halifax nieder und bauten etwas südlich mit Lunenburg ein Städtchen so schön, dass es zum UNESCO-Welterbe ernannt wurde. Letztere gingen zunächst in Pictou an Land: Beim Klang der Dudelsäcke, so heißt es, stoben die Indianer entsetzt in alle Windrichtungen. Gegen Ende des 18. Jahrhunderts verließen jene Akadier, denen damals die Flucht gelungen war, die Wälder und fanden ihr Land von englischsprechenden Familien besetzt. So erklären sich die heutigen französischen Sprachinseln an der Peripherie Atlantik-Kanadas.

Die Akadier ließen sich auf einem Land nieder, das sonst niemand haben wollte: im heute französischsprachigen Norden New Brunswicks, wo sie Nachbarn der soeben aus den jungen USA zugezogenen Loyalisten wurden, an der „French Shore" im Südwesten von Nova Scotia und rund um Chéticamp auf Cape Breton Island, sowie im Westen von Prince Edward Island rund um Miscouche.

Zögernde Kandidaten
Mit 5700 Quadratkilometer Fläche ist Prince Edward Island im Übrigen die kleinste der kanadischen Provinzen – Albertas Banff National Park etwa ist allein schon fast 1000 Quadratkilometer größer. Dennoch genießt Kanadas Miniatur-Provinz einen festen Platz in den kanadischen Geschichtsbüchern: 1864 einigten sich hier die Delegierten Ontarios, Québecs, Nova Scotias und New Brunswicks auf die Gründung des modernen Kanadas. Die Gastgeber selbst waren von diesen Plänen nur wenig angetan. Sie gingen lieber in eine Zirkusvorstellung, sodass die eintreffenden Delegierten sich

Beim Klang der Dudelsäcke stoben die Indianer entsetzt in alle Windrichtungen.

von zufällig anwesenden Fischern an Land rudern lassen mussten. Erst 1873 trat Prince Edward Island der neuen Konföderation bei – nachdem man dieser Geld für eine Eisenbahn und eine Fährverbindung abgerungen hatte. Newfoundland & Labrador wartete noch län-

Die Atlantikprovinz New Brunswick wurde nach der
britischen Königsfamilie Braunschweig-Lüneburg
aus dem Haus Hannover benannt. An die alten Zeiten erinnern Freilichtmuseen wie das in der Nähe
von Fredericton gelegene Kings Landing (rechts).
Akadier (französisch: Acadiens) nennt man die Nach-
kommen französischer Siedler aus dem Poitou, der
Bretagne und der Normandie, die im 17. Jahrhundert
vor allem in den Küstengebieten der heutigen Atlantikprovinzen die französische Kolonie Akadien grün-
deten. Ihrer Kultur gewidmet ist der von der frankokanadischen Autorin Antonine Maillet gegründete
Themenpark Le Pays de la Sagouine in Bouctouche
(unten rechts; links daneben die Bay of Fundy).
Harvey Station (rechte Seite oben) liegt rund 35 km
südwestlich von Fredericton.

ger mit dem Beitritt. Erst 1949 trat das britische Dominion Kanada bei – nach zwei dramatischen Volksabstimmungen, bei denen die Bevölkerung die Wahl zwischen den USA, der Unabhängigkeit und Kanada hatte.

Dramatische Talfahrten

Tatsächlich war der Beitritt zur Konföderation stets schwer zu verkaufen. Nova Scotia ging es dank seiner Fischerflotte gut. Die Holz- und Schiffsbauindustrie hatte New Brunswick wohlhabend gemacht (das dickbauchige Lastschiff im Wappen der Provinz erinnert an diese Zeit), auch in Prince Edward Island boomte der Schiffsbau. Dann aber wurden die Schiffe aus Stahl gebaut, und Atlantik-Kanada erlebte eine lange Talfahrt, die

Die Bevölkerung hatte die Wahl zwischen den USA, der Unabhängigkeit und Kanada.

jedoch von Bergbau, Fischerei, Papierindustrie und etwas Landwirtschaft verlangsamt wurde. Dramatisch wurde die Lage erst während der Rezession der 1980er-Jahre: Damals machte die Formulierung „Armenhaus am Atlantik" die Runde. Doch während die drei Festlands-Provinzen zwar quälend langsam, aber letztlich erfolgreich diversifizierten – Dienstleistungsgewerbe vor allem und Zukunftsindustrien gesellten sich zu den traditionellen Erwerbszweigen –, erlebte Newfoundland & Labradors traditionell monokulturell ausgerichtete Wirtschaft Anfang der 1990er-Jahre den Gnadenstoß: Angesichts der Überfischung verhängte die Bundesregierung im Juli 1992 ein absolutes Fangverbot.

Für Newfoundland, das 400 Jahre lang von der Fischerei, vor allem von Kabeljau, gelebt hatte, bedeutete dies das Ende einer Lebensweise. Rund 30 000 Menschen wurden damals über Nacht arbeitslos. Fischer zogen ihre Kutter auf

Die Queen Street ist die Hauptstraße von Fredericton: In der am Unterlauf des Saint John River gelegenen Hauptstadt der Provinz New Brunswick geht es noch recht beschaulich zu.

Stolz ist man in Riverside-Albert, am Shepody River bei der Bay of Fundy gelegen, auf die prächtigen Kürbisse. Tatsächlich müssen diese nicht erst zur Halloween-Maske mutieren, um zu beeindrucken.

Der Kouchibouguac National Park ist ein 238 Quadratkilometer großes, von Wäldern, Salzwiesen und Lagunen geprägtes Refugium für Naturliebhaber.

Dem Reisenden begegnen fest in ihren Gemeinden verwurzelte Gastgeber mit viel Sinn für Tradition.

Land und schlugen sie unter Tränen eigenhändig zu Brennholz.

Aufschwung im fernen Osten

Bis heute haben sich die Kabeljaubestände nicht erholt, doch inzwischen schaffte auch Newfoundland & Labrador die Wende. So erfolgreich war der Wandel des traditionellen „Habenichtse", dass Newfoundlands damaliger Premier Danny Williams den übrigen Atlantikprovinzen sogar Geld zur Begleichung ihrer Haushaltsdefizite anbot.

Auch diese wurden selbstbewusster. In Nova Scotia sorgt der Verteidigungs-, Luft- und Raumfahrtsektor für Cashflow. Eine positive Überraschung der letzten Jahre ist die über 100 Produktionen jährlich abwickelnde Filmindustrie der Provinz. New Brunswick punktet mit einer zeitgemäßen Dienstleistungsindustrie, mit Bergbau und Forstwirtschaft. Das ländliche Prince Edward Island liefert ein Drittel der kanadischen Kartoffelernte und exportiert Saatkartoffeln in 20 Länder. Hummerfang wird noch immer groß geschrieben. Dennoch leidet das Geschäft unter den Auswirkungen der letzten Rezession.

Motor dieser Entwicklungen sind rund 2,3 Millionen Menschen, die ihrer Heimat so verbunden bleiben wie sonst wohl nur noch die Québecer. Tatsächlich kehren die meisten Nova Scotians, New Bruns-

wicker und Newfoundlander nach Ende ihrer Arbeitsverträge auf den Ölfeldern Albertas oder in den Diamantenminen der Northwest Territories in ihre Heimatorte zurück, bauen dort ein Haus, investieren. Dem Reisenden begegnen fest in ihren Gemeinden verwurzelte Gastgeber mit viel Sinn für Tradition.

Feste Feiern

In New Brunswick, der einzigen offiziell zweisprachigen Provinz des Landes, pflegen beide Seiten ihre Wurzeln mit hervorragend animierten Freilichtmuseen und zahlreichen Festivals. Die anglophonen Bürger erinnern mit den Loyalist Days im Mai an die Landung ihrer aus den jungen USA vertriebenen königstreuen Vorfahren. Das größte der vielen Festivals der Akadier ist das Festival Acadien in Caraquet, der Wiege der akadischen Kultur im Norden der Provinz.

In den Adern der Nachbarn fließt vor allem keltisches Blut. Das bedeutet Ceilidhs (Musik- und Tanzveranstaltung) in jedem zweiten Dorf, Highland Games in jedem größeren Bezirk und die höchste Konzentration Fiddle spielender Kanadier des Landes – vor allem auf Cape Breton Island, der Heimat zahlloser Musiker wie Natalie MacMasters, Ashley MacIsaac, die Barra MacNeils und die Rankin Family. Gaelic Rock, die flotte Mischung

Einer Legende der hiesigen First Nations zufolge soll die mythische Gottheit Gooskap alle schönen Orte der Welt gemalt haben. Gleich die ganze Farbpalette dürfte Gooskap benutzt haben, um „Epekwitk" zu erschaffen, „das Land, das sich auf den Wellen wiegt". Denn eben dieses (Ei)land gelang ihm besonders gut, und so wurde die kleinste der vier kanadischen Atlantikprovinzen, das heutige Prince Edward Island, zu seiner Lieblingsinsel. Jahr für Jahr, so geht die Legende weiter, besucht er nun diese Insel, um sich immer wieder an ihrer Schönheit zu erfreuen. Und wer nun daraus den Schluss ziehen möchte, dass über dieser Provinz, die ihre Bewohner P.E.I. abkürzen oder auch schlicht „The Island" nennen, ein guter Geist schwebt, dem scheinen die Bilder auf dieser Doppelseite durchaus recht zu geben.

"Lobster Supper" auf Prince Edward Island

Special

Hummer satt

Es soll Touristen geben, die nur deshalb anreisen, um einmal im Leben so richtig in Hummerfleisch schwelgen zu können.

Die Lobster-Supper-Restaurants von Prince Edward Island sind eine Erfindung neueren Datums. Dahinter verbirgt sich eine lange kulinarische Tradition, die zurückgeht auf eine Zeit, als der Hummer alles andere war als eine Delikatesse. Damals wurden hier so viele Hummer angeschwemmt, dass die Bauern damit die Äcker düngten und Kinder armer Eltern Hummerstatt Hühnchenfleisch aufs Pausenbrot bekamen. Erst in den späten 1950er-Jahren begannen Priester und Pastoren, abends in regelmäßigen Abständen große Hummermahlzeiten in den Kellern der Kirchen zu veranstalten, um Geld für Gemeindezwecke zu sammeln. Das Konzept – leckerer Hummer in geselliger Atmosphäre – schlug ein, und „Lobster Supper" mauserten sich zu kommunalen Groß-

Kleines Atlantik-Lobster-Süppchen gefällig?

ereignissen. Heute sitzt man in den Hummer-Kantinen der Insel an wackeligen Tischen mit abwaschbaren Tischdecken und erhält als erstes sein Werkzeug: Zangen zum Knacken des Schalentieres, Piekser zum Herausangeln der letzten Fleischstückchen, einen kleinen Abfalleimer für die Reste und eine Plastikschürze, die man tunlichst sofort anlegen sollte. Denn hin und wieder rutscht eine Zange ab und verschießt Schalenteile in alle Richtungen ...

aus gälischer Folklore, Hip Hop und Rock, ist in den Kneipen zwischen Halifax und St. John's oft live zu hören.

Atlantik auf dem Silbertablett

So kraftvoll wie die Musik ist auch die Natur, von Prince Edward Island einmal abgesehen – die Insel ist noch immer jenes ruhevolle grüne Paradies, als das Lucy Maud Montgomery, die auf dieser Insel geborene Autorin der berühmten, auch als Fernsehserie verfilmten und weltweit in 145 Ländern ausgestrahlten „Anne of Green Gables"-Kinderbücher, sie einst beschrieb. Ansonsten sind Felsenküste, Möwengeschrei sowie der Geruch von Seetang, Fisch und Salzwasser angesagt.

New Brunswicks dominierende Landschaftsform ist zugleich seine größte Attraktion: die Bay of Fundy, deren Form und Tiefe zu einem Tidenhub von bis zu 16 Metern führt. Mit den Gezeiten haben auch die schönsten Fotomotive New Brunswicks zu tun – im Fischerort Alma die bei Ebbe auf der Seite im Schlick ausharrenden Fischkutter, bei Moncton das Cape Hopewell, wo der Tidenhub aus einer Handvoll bewaldeter Inseln innerhalb weniger Stunden vier Stockwerke hohe Felsnadeln macht, um deren Sockel man trockenen Fußes herumspazieren kann. Nova Scotias Meisterstück wiederum ist Cape Breton Island, für viele die schönste

Als „Geheimtipp für Individualisten" wird Newfoundland & Labrador gepriesen, was man auch als dezenten Hinweis darauf deuten könnte, dass sich die touristische Infrastruktur vielerorts doch in Grenzen hält. Stattdessen gibt es Natur pur (ganz oben das bei Ornithologen beliebte Cape St. Mary's Ecological Reserve) und Orte mit vielversprechenden Namen wie das Cape Bonavista (oben) oder Trinity (rechts, auf der Bonavista Peninsula gelegen).

Die wenigen größeren Siedlungen Newfoundlands präsentieren sich wie Inseln in der Wildnis.

Als „Iceberg Capital of the World" lockt das im
18. Jahrhundert von bretonischen Fischern an der
Nordküste von Newfoundland gegründete Twilling-
gate Besucher an: In den Monaten Mai bis Juni starten hier Touren zu den südwärts driftenden Eisbergen. Manchmal treibt der kalte Labradorstrom klei-
nere Eisblöcke in den Fischerhafen des Orts hinein.

Der Skerwink Trail führt um die Halbinsel zwischen Port Rexton und Trinity East.

Vom Signal Hill aus hat man einen schönen Blick auf den Hafen und das Zentrum von St. John's, der Hauptstadt Newfoundlands.

Sehen, hören, schmecken, fühlen – die einfachen Vergnügungen des Lebens stehen hier im Vordergrund.

Insel der Welt überhaupt. Als wäre ihr harmonisches Ineinander von grünen Matten, Seen und Steilküsten nicht genug, besitzt sie mit dem Cabot Trail, der ihre Nordhälfte umrundenden Aussichtsstraße, auch noch eine der Traumstraßen der Welt.

Der letzte wilde Ort an der Ostküste

Indes, eingefleischte Newfoundlandfans beeindrucken solche Titel herzlich wenig. Für sie ist Cape Breton Island nur eine Einstimmung auf das, was sie erwartet, wenn sie in North Sydney auf die Fähre nach Argentia (Newfoundland) rollen. Auf den Hauben ihrer Autos falten sie ihre Newfoundlandkarte auseinander und fiebern einem Ziel entgegen, das neben einer einzigen nennenswerten Stadt, nämlich St. Johns, nur isolierte Nester mit Namen wie Misery Hill, Deception Point und Ireland's Eye zu bieten hat.

In der Tat – die lange Anreise per Schiff oder Flugzeug verstärkt das Gefühl – ist Newfoundland der letzte wilde Ort an der Ostküste. Schroffe, oft nebelverhangene Steilküsten, „barrens" genannte Tundren und eine kurze, von Juli bis September dauernde Hauptreisezeit sorgen dafür, dass dies auf absehbare Zeit auch so bleibt. Zudem ist dies der Ort, an dem Europäer erstmals nordame-

rikanischen Boden betraten. Und zwar waren das nicht die berühmten Entdecker, sondern die Fischer, Händler, Siedler und Walfänger, die es, wenn überhaupt, höchstens als Fußnoten in die Geschichtsbücher schafften. In den Liedern und Geschichten der Newfoundlander leben sie dennoch bis zum heutigen Tag fort. Denn auch, wenn die Fischerei heute nicht mehr das ist, was sie einmal war – zwei Ikonen neufundländischer Alltagskultur gibt es noch immer: den „Storyteller" (Geschichtenerzähler) und die Kitchen Party – die meist ganz spontane Küchenfete mit Gesang und handgemachter Hausmusik.

Willkommen also in Atlantik-Kanada, wo, wie eingangs erwähnt, die Städte und Häfen so charmant sind wie ein Klaps mit dem Kabeljau, wo Straßen krumm sein und im Nirgendwo enden können und die Menschen, egal ob sie Französisch, Akadisch oder Englisch mit allen nur denkbaren Akzenten sprechen, immer ehrlich besorgt sind um das Wohl ihrer Gäste. Sehen, hören, schmecken, fühlen, die einfachen Vergnügungen des Lebens – hier am Nordatlantik stehen sie im Vordergrund. Oder, wie es ein Newfoundlander B&B-Besitzer dem Autor dieser Zeilen gegenüber einmal formulierte: „What you see is what you get!"

DIE WIRTSCHAFTLICHE ENTWICKLUNG NEWFOUNDLANDS

Vom Armenhaus zur Vorzeigeprovinz

Wer vor 15, 20 Jahren das letzte Mal in Newfoundland unterwegs war, der wird die Provinz kaum wiedererkennen. Dörfer und abgelegene Küstengemeinden erleben eine Wiedergeburt: Wo einst ganze Häuser aufgegeben wurden, stehen nun schmucke Eigenheime mit chromglitzernden Trucks in den Einfahrten.

Betty Hawkins betreibt in Cape Broyle südlich von St. John's das Best Friends B&B. Den Grund für die vielen neuen Häuser im Ort erklärt sie so: „Unsere jungen Männer verdienen als ungelernte Arbeiter auf den Teerölfeldern vom Fort McMurray in Alberta bis zu 100 000 Dollar pro Saison und als Facharbeiter doppelt soviel." Die Besitzerin hat selbst einen Schwiegersohn, der auf einer Ölbohrinsel arbeitet. „Sechs Wochen Arbeit, Zehnstundentage, eine Drecksmaloche, zwei Wochen bezahlter Heimaturlaub."

Optimismus statt Zukunftsangst

Es herrscht kein Zweifel: Die Tage Newfoundlands als armer Bittsteller der Nation sind vorüber. Wo nach dem Fischereiverbot 1992 der Job des Postbeamten der einzige verbliebene im Dorf war, wo Verzweiflung und Zukunftsangst wie mit Händen greifbar schien, da herrscht heute Optimismus. Eine boomende Offshore-Industrie vor der Küste und die erhöhte Nachfrage an natürlichen Ressourcen (Nickel, Zink, Eisenerz) aus Labrador kehrten den Abwärtstrend der Provinz um. Auch Dienstleistungen und eine erfolgreich diversifizierte Fischerei (Hummer, Hering, Makrele, Heilbutt) sorgten für Arbeitsplätze. Aber vor allem der Öl- und Bergbauboom der letzten Jahre hat der Wirtschaft der Provinz

einen bemerkenswerten Höhenflug beschert. Mit Wachstumsraten zwischen vier und sechs Prozent lag sie in den nationalen Statistiken mit vorn. Auch die Investitionen in gigantische Offshore-Projekte wie Hebron und Hibernia sowie in den Nickel- und Eisenerzabbau in Labrador gehen in die Milliarden.

Inzwischen herrscht in der Provinz eher die Sorge, nicht genug Arbeitskräfte zur Verfügung zu haben, um alle diese Projekte zeitgleich zu bewältigen. Den multinationalen Ölgesellschaften gegenüber erwies sich die Provinzregierung als ernstzunehmender Verhandlungspartner: Mit zehn Prozent ist sie allein an den Einnahmen aus dem Hibernia-Ölfeld beteiligt. Eine ausgelastete Dienstleistungsindustrie, eine diversifizierte, nun wieder gut 20 000 Menschen beschäftigende Fischerei und ein langsam, aber stetig wachsender Tourismus runden das positive Bild ab.

Mit den eigenen Händen

Betty Hawkins zeigt auf ein paar neue Eigenheime auf der anderen Straßenseite. „Nach Vertragsende kehren unsere jungen Männer alle zurück, gründen Familien und bauen sich hier ihre Häuschen. Auf dem Land ihrer Familien, mit den eigenen Händen." Deshalb seien auch alle Häuser in Cape Broyle hypothekenfrei.

Volle Kraft voraus: Die Wirtschaft Newfoundlands boomt, was man auch an schmucken, aufgeräumt wirkenden Orten wie Bonavista (linke Seite) und St. John's (unten die George Street) erkennt.

„Unsere jungen Männer verdienen als ungelernte Arbeiter auf den Teerölfeldern bis zu 100 000 Dollar pro Saison."

Kanadas ferner Osten

New Brunswick, Prince Edward Island, Nova Scotia und Newfoundland & Labrador: Kanadas vier Provinzen am Nordatlantik stehen nicht gerade für faule Ferien am gelben Sandstrand. Angesichts ihrer rauen Felsenküsten und liebenswürdigen Bevölkerung könnte ihr Motto „rau, aber herzlich" lauten.

❶ – ❹ New Brunswick

❶ **Fredericton** (105 000 Ew.), die Hauptstadt von New Brunswick, wirkt „very british". Besucher konzentrieren sich auf die viktorianische Innenstadt rund um die Queen Street.

SEHENSWERT

Die **Beaverbrook Art Gallery** (703 Queen St., Di.–Mi., Sa. 9.00–17.30, Do. 9.00–21.00, So. 12.00 bis 17.00 Uhr, Eintritt: 10 $, www.beaverbrook artgallery.org) zeigt englische Altmeister.

RESTAURANT/UNTERKUNFT

Im €€ **Brewbakers** (546 King St., Tel. 50 64 59 00 67, www.brewbakers.ca) gibt es Pasta, vegetarische Ribs und Steaks. Stilecht und mittendrin: der viktorianische €€€ **Carriage House Inn** (230 University Ave., Tel. 50 64 52 99 24, www.carriagehouse-inn.net).

UMGEBUNG

Eine halbe Stunde entfernt erinnert das von „echten" Siedlern bevölkerte Museumsdorf **Kings Landing** (584 Rte. 2, tgl. 10.00–17.00 Uhr, Eintritt: 17 $, www.kingslanding.nb.ca) an den hiesigen Alltag im 19. Jahrhundert.

INFORMATION:

Tourism Fredericton, 11 Carleton St., Tel. 50 54 60 20 41, www.tourismfredericton.ca

❷ **Saint John** (127 800 Ew.) ist die größte Stadt der Provinz und bietet als alter Hafen eine schöne Altstadt aus dem frühen 19. Jahrhundert. Beim **Salty Jam – Saint John's Festival of Music** (7.–9. Juli, www.saltyjam.ca) treten Musiker aus ganz Nordamerika auf.

SEHENSWERT

Das **New Brunswick Museum** (1 Market Square, Mo.–Fr. 9.00–17.00, Do. bis 21.00, Sa. 10.00–17.00, So. 12.00–17.00 Uhr, Eintritt: 10 $, www.nbm-mnb.ca) dokumentiert die maritime Vergangenheit. Den städtischen Alltag erlebt man im **Saint John City Market** (47 Charlotte St., Mo.–Fr. 7.30–18.00, Sa. 7.30–17.00 Uhr, www.sjcitymarket.ca).

RESTAURANT

Frisches Seafood kredenzt €€ **Billy's** (49–51 Charlotte St., Tel. 50 66 72 34 74) neben dem City Market.

UNTERKUNFT

Das €€/€€€ **Homeport B&B** (80 Douglas Ave., Tel. 50 66 72 72 55, www.homeport.nb.ca) war einst das opulente Heim einer Schiffsbauerfamilie und bietet nun Reisenden eine Gelegenheit zum „schöner Schlafen mit Bay-Blick".

INFORMATION

Discover Saint John, 15 Market Square, Tel. 50 66 58 29 90, http://discoversaintjohn.com

Der ❸ **Fundy National Park** TOPZIEL ist der schönste Abschnitt der Fundy-Küste. Das naturbelassene Schutzgebiet hat 25 hübsche Wasserfälle, dichten Wald und schöne Trails zu den Stränden. Für die Übernachtung gibt es Campingplätze mit Jurten.

INFORMATION

Fundy National Park, Alma, Tel. 50 68 87 60 00, www.pc.gc.ca/pn-np/nb/fundy/index.aspx

Links: „echter" Siedler im Museumsdorf Kings Landing. Unten: im Fortress of Louisburg, dem größten Freilichtmuseum Kanadas. Ganz unten: Leuchtturm auf der Bay of Fundy.

Die Universitätsstadt ④ **Moncton** (70 000 Ew.) am Rivière Petitcodiac ist die inoffizielle Hauptstadt der französischsprechenden Akadier. Bei Flut drückt die nahe Bay of Fundy den Rivière Petitcodiac flussaufwärts. Die dabei entstehende **Flutwelle** wird bis zu 60 cm hoch und kann im Zentrum beoachtet werden.

RESTAURANT/UNTERKUNFT
Saftige Steaks, frische Salate und eine eher joviale Atmosphäre mit Livemusik gibt's im €€/€€€ **Pumphouse Restaurant** (5 Orange Lane, Tel. 50 68 55 23 37, www.pumphouse brewery.ca). Am Parc Victoria im Zentrum liegt die nette €€ **Auberge Au Bois Dormant** (67 rue John, Tel. 50 68 55 67 67, www.auberge -auboisdormant.com).

UMGEBUNG
Bei den **Hopewell Rocks** erzeugt die Bay die berühmten Bilder von den Inseln, welche die Ebbe in 16 m hohe Felsennadeln verwandelt (www.thehopewellrocks.ca).

INFORMATION
Tourisme Moncton, 655 rue Main, Tel. 1-800 3 63 45 58, www.tourism.moncton.ca

❺ Prince Edward Island

Das beschauliche **Charlottetown** (65 000 Ew.) ist die Hauptstadt von Prince Edward Island und eine gute Basis für Inseltouren. Im **Province House** (2 Palmers Lane, tgl. 9.00–17.00 Uhr) wurde 1864 die Gründung Kanadas beschlossen (Führungen, Ausstellungen). Die pastorale Schönheit der Insel erradelt man am besten auf dem **Confederation Trail**, einem mehrere Hundert Kilometer langen Radwegenetz.

RESTAURANT/UNTERKUNFT
Im €€€ **Fisherman's Wharf Lobster Suppers** (North Rustico, Tel. 90 29 63 26 69, www.fisher manswharf.ca) in North Rustico gibt es Hum-

Peggy's Cove wurde im Jahr 1811 gegründet: Das winzige Fischernest mit seinen hübschen Holzhäusern gruppiert sich um einen kleinen Hafen.

Tipp

Edle Tropfen

Zugegeben: Wein aus Nova Scotia klingt nicht minder exotisch als Ananas aus Alaska. Doch die **Devonian Coast Wineries** (vormals: Jost Wineries) unweit von Malagash an der warmen Northumberland Strait bauen tatsächlich Wein an! In leichter Hanglage gedeihen hier edle Trauben wie Marechal Foch, Muscat, Seyval Blanc und Vidal Blanc.

INFORMATIONEN UNTER
http://devoncoast.ca

mer bis zum Abwinken. Fünfundzwanzig Autominuten südlich findet man in Charlottetown das für sein hilfsbereites Personal bekannte Motel €/€€ **Garden Gate Inn** (639 University Ave., Tel. 90 28 92 34 11).

UMGEBUNG
Der **Prince Edward Island National Park** schützt einen 60 km langen Küstenabschnitt mit Dünen, Stränden und Marschen und ist im Sommer als Badeziel beliebt.

INFORMATION
Tourism PEI, Charlottetown, Tel. 90 24 37 85 70, www.tourismpei.com

❻–❾ Nova Scotia

❻ **Halifax** (400 000 Ew.) ist die Hauptstadt Nova Scotias. Im Jahr 1749 von den Briten gegründet, ist die Stadt bis heute ein wichtiger Militär- und Flottenstützpunkt. Seit den späten 1990er-Jahren macht aber vor allem die kreative Musikszene der Stadt von sich reden. Im Juli finden hier mit dem **Maritime Fiddle Fest** (www.maritimefiddlefestival.ca) und dem **TD Halifax Jazz Festival** (www.halifaxjazz festival.ca) zwei der besten Musikfestivals am Atlantik statt.

SEHENSWERT/MUSEUM
Attraktiv sind die **Historic Properties** (www. historicproperties.ca), historische Lager- und Wohnhäuser am Wasser mit Restaurants, Bars und Boutiquen. Alles über die glorreiche maritime Vergangenheit erfährt man im **Maritime Museum of the Atlantic** (1675 Lower Water St., tgl. 9.00–17.30, Di. bis 20.00 Uhr, Eintritt: 10 $, www.museum.gov.ns.ca/mmanew). In der 1856 fertiggestellten **Halifax Citadel** (tgl. 9.00–17.00 Uhr, Eintritt: 11,70 $) geben animierte Touren Einblick in die Stadtgeschichte.

RESTAURANTS
Die Restaurantpalette der Stadt reicht vom Evergreen €€€€ **Five Fishermen** (1740 Argyle St., Tel. 90 24 22 44 21, www.fivefisher men.com) bis zu Trend-Restaurants wie dem €€€ **CUT Steakhouse** (5120 Salter St., Tel. 90 24 29 51 20, www.cutsteakhouse.com) und dem wegen seiner globalen Fusionsküche beliebten €€/€€€ **Bicycle Thief** (1475 Lower Water St., Tel. 90 24 25 79 93). Dazwischen sorgen nicht minder angesagte Restaurants wie das auf raffinierte organische Küche spezialisierte €€€ **Chives Canadian Bistro** (1537 Barrington St., Tel. 90 24 20 96 26, www.chives. ca) oder das Diner-Bistro €€ **The Wooden Monkey** (1707 Grafton St., Tel. 90 24 44 38 44, www.thewoodenmonkey.ca) an der belebten Grafton Street für angenehme kulinarische Überraschungen.

UNTERKÜNFTE
Drei alte Backsteinhäuser: Das €€€€ **Haliburton** (5184 Morris St., Tel. 90 24 20 06 58, www. thehaliburton.com) bietet stilsicheren Komfort. Preiswerter als dieses Haus ist allerdings das €€/€€€ **At Robie's End B&B** (836 Robie St., Tel. 90 24 05 24 24, www.robiesend.com). Einen wunderbaren Blick über den Naturhafen nach McNab Island bietet das am Ufer liegende €€/€€€ **SeaWatch B&B** (139 Ferguson's Cove Rd., Tel. 90 24 77 15 06, www.seawatch.ca) im Süden der Stadt, während von dem gutenglischen €€ **Mumford B&B** (7015 Mumford Rd., Tel. 90 24 46 07 66, www.mumfordbedand breakfast.com) aus alle Attraktionen bequem zu Fuß erreichbar sind.

Cape Breton Island: Am Cabot Trail stößt man immer wieder auf herrliche Aussichtspunkte. Die ganze Schönheit dieses Areals lässt sich allerdings nur zu Fuß erleben.

UMGEBUNG

Südlich von Halifax führt die **Lighthouse Route** (Rte. 333) zu den schönsten Orten der schärenreichen Südküste. Höhepunkte sind das pittoreske Fischerdorf **Peggy's Cove**, das fotogene **Mahone Bay** und ❼ **Lunenburg**, dank seines unversehrten historischen Stadtbildes ein UNESCO-Welterbe. Das **Fisheries Museum of the Atlantic** (68 Bluenose Dr., www.museum.gov.ns.ca/fma) erinnert an die große Zeit als Schiffsbauzentrum.

INFORMATION

Destination Halifax, 1800 Argyle St., Tel. 90 24 22 93 34, www.destinationhalifax.com

❽ **Digby:** Der 2000-Einwohner-Fährhafen an der Bay of Fundy ist berühmt für seine Jakobsmuscheln und eine gute Basis für die Erkundung der Umgebung.

RESTAURANT/UNTERKUNFT

Jakobsmuscheln mit Hafenblick gibt's im €€€ **Fundy Restaurant** (34 Water St., Tel. 90 22 45 49 50, www.fundyrestaurant.com). Heimelige Zimmer mit Meeresblick offeriert das €/€€ **Bayside Inn** (115 Montague Row, Tel. 90 22 45 22 47, www.baysideinn.ca).

UMGEBUNG

Südlich von Digby lockt **Brier Island** (www.brierisland.org) mit Walbeobachtungstouren. Nördlich von Digby lohnt bei Annapolis-Royal die Rekonstruktion des 1605 von den Franzosen gegründeten Postens **Port-Royal** (www.pc.gc.ca/ lhn-nhs/ns/portroyal/index.aspx).

INFORMATION

South Shore Nova Scotia, Tel. 90 27 98 67 00, www.novascotia.com/southshore

❾ **Cape Breton Island:** Im Süden vom buchtenreichen Bras d'Or Lake geprägt, übernehmen im Norden schwer zugängliches Hochland und spektakuläre Steilküste. In North Sydney (6000

Ew.) legt die Autofähre (www.marine-atlantic.ca) nach Argentia (400 Ew.) in Newfoundland ab.

MUSEUM

Das **Alexander G. Bell** gewidmete **Museum** (Chebucto St., tgl. 9.00–18.00 Uhr, www.pc. gc.ca/eng/lhn-nhs/ns/grahambell/index.aspx, Eintritt 7,80 $) in Baddeck beherbergt u.a. das erste Tragflächenboot der Welt. Die bei Sydney (33 000 Ew.) liegende **Fortress of Louisbourg** (259 Park Service Rd., tgl. 9.30–17.00 Uhr, Eintritt: 17,60 $, www.pc.gc.ca/lhn-nhs/ns/louisbourg/index.aspx) ist das größte Freilichtmuseum Kanadas: Die 1758 von England zerstörte Festung wurde teilweise wieder aufgebaut.

Tipp

Elch-Watching

. . . .

Der beste Ort, um Elche aus nächster Nähe zu sehen, ist zugleich auch einer der schönsten auf Cape Breton Island: Der 9,2 km lange Skyline LoopTrail beginnt am Cabot Trail an der Westküste und arbeitet sich bis auf über 400 m Höhe hinauf. Die alpine Tundra ist ein hervorragendes Elchrevier: Links und rechts des Trails begegnen uns garantiert ein paar mächtige Schaufelträger.

INFORMATIONEN UNTER
www.cbisland.com

RESTAURANT/UNTERKUNFT

Im €€ **Red Shoe Pub** (11573 Rte. 19, Tel. 90 29 45 23 26, www.redshoepub.com) in Mabou gibt es auch zünftige keltische Livemusik. Mit großen Zimmern punktet das hoch über der Bucht Mabou Harbour liegende €€ **Duncreigan Country Inn** (Mabou, Tel. 90 29 45 22 07, www.duncreigan.ca).

ERLEBEN

Der **Cabot Trail** zählt zu den Traumstraßen der Welt. An der Westküste berührt er den **Skyline Trail** (siehe Tipp) auf dem man zu spektakulären Aussichten wandert. In **Pleasant Bay** organisiert Cape Breton Whale Watching (23408 Cabot Trail, www.cape-breton.novascotia-whalewatching.com) Touren.

INFORMATION

Destination Cape Breton Association, Sydney, Tel. 90 25 63 46 36, www.cbisland.com

❿ – ⓯ Newfoundland & Labrador

❿ **St. John's** (197 000 Ew.), die Hauptstadt von Newfoundland & Labrador im Schatten des mächtigen Signal Hill, ist eine der ältesten Ansiedlungen Nordamerikas und heute auch ein beliebtes Touristenziel. Das Nachtleben findet in den Pubs an der George Street (www.georgestreetlive.ca) statt.

SEHENSWERT/MUSEUM

Der **Signal Hill** kann erfahren und erwandert werden. Auf seinem Gipfel empfing der Italiener G. Marconi 1901 das erste transatlantische Radiosignal. Vom trutzigen **Cabot Tower** aus reicht der Blick weit über Stadt und Meer. Das hoch über St. John's thronende **The Rooms Provincial Museum** (9 Bonaventure Ave., tgl. 10.00–17.00 Uhr, Eintritt: 10 $, www.therooms.ca) beherbergt interessante Sammlungen zur Kulturgeschichte der Provinz.

RESTAURANT

Dank seiner Newfie-Spezialitäten ist die Kantine € **Che's Fish & Chips** (9 Freshwater Rd.,

Gut erschlossen für Wanderer ist der Terra Nova National Park mit den Kaskaden des Northwest Rivers, hübschen Orten wie Salvage und einer wildromantischen Waldlandschaft vor der tief zerklüfteten Küste. Rechts: Belugawal vor kalbendem Eisberg bei Twillingate.

Tel. 70 97 22 40 83, www.chessfishandchips.ca) eine lokale Institution. „Move over, fish & chips" heißt es auch im €€€€ **Raymond's Restaurant** (95 Water St., Tel. 70 95 79 58 00, www.raymondsrestaurant.com), wo traditionelle Speisen kreativ verfeinert auf den Tisch gelangen. Dagegen hält der Pub € **Duke of Duckworth** (325 Duckworth St., Tel. 70 97 39 63 44, www.dukeofduckworth.com) an den traditionellen kulinarischen Grundformen fest.

UNTERKÜNFTE

Das €€€€ **Murray Premises Hotel** (5 Beck's Cove, Tel. 70 97 38 77 73, www.murraypremises hotel.com), früher ein Lagerhaus, ist ein sympathisches Boutiquehotel. Das €€/€€€ **Hometel on Signal Hill** (2 St. Joseph's Lane, Tel. 70 97 39 77 99, www.hometels.ca) bezaubert mit heimeliger Atmosphäre, das wunderbare Boutique B&B €€€ **Leaside Manor** (39 Topsail Rd., Tel. 70 97 22 03 87, www.leasidemanor.com) 15 Gehminuten außerhalb punktet mit Himmelbetten und viktorianischer Atmosphäre.

INFORMATION

Destination St. John's, 211B Lemarchant Road, Tel. 87 77 39 88 99, www.destinationstjohns.com

⓫ **Terra Nova National Park:** Das zweite große Schutzgebiet neben dem Gros Morne National Park liegt im Osten an der Bonavista Bay und umfasst eine wildromantische Waldlandschaft vor einer tief zerklüfteten, von Gletschern der letzten Eiszeit geformten Küste. Nicht versäumen sollte man am Südende des Parks einen Abstecher (rund 60 km) in östlicher Richtung zum Cape Bonavista, dessen 1843 errichteter Leuchtturm heute als Museum dient.

INFORMATION

Terra Nova National Park, Glovertown, Tel. 70 95 33 28 01, www.pc.gc.ca/eng/pn-np/nl/terranova/index.aspx

⓬ **Twillingate:** Das 2000-Seelen-Städtchen an der Notre Dame Bay war lange ein Fischereizentrum und lebt heute vom Tourismus.

UNTERKUNFT

Das gemütliche €€ **Harbour Lights Inn B&B** (189 Main St., Tel. 87 78 84 27 63, www.harbour lights.ca) ist ein altes Kapitänshaus im Herzen von Twillingate.

ERLEBEN

An der **„Iceberg Alley"** liegend, werden Touren zu den nach Süden driftenden Eisbergen veranstaltet, u. a. von Iceberg Quest Ocean Tours (Pier 52, Tel. 70 98 84 18 88, www.icebergquest.com).

INFORMATION

Town of Twillingate, P.O. Box 220, Twillingate, Tel. 70 98 84 24 38, www.townoftwillingate.ca

Der 1800 km² große ⓭ **Gros Morne National Park TOPZIEL** liegt im Westen der Insel und ist dank seiner geologisch einzigartigen Tablelands ein UNESCO-Welterbe. Ein über 100 km langes Trailnetz erschließt den Park. Trout River Pond und Bonne Bay sind gute **Kayakreviere**.

RESTAURANT/UNTERKUNFT

Frischen Fisch gibt's im €€ **Seaside Restaurant** (Tel. 70 94 51 34 61, www.grosmorne.com/victorianmanor/seaside.htm) in Trout River. Urige Basis: das € **Aunt Jane's Place B&B** in Woody Point (1 Water St., Tel. 70 94 53 24 85, www.grosmorne.com/victorianmanor/janes.htm).

INFORMATION

Gros Morne National Park, Rocky Harbour, Tel. 70 94 58 24 17, www.pc.gc.ca/pn-np/nl/grosmorne/contact.aspx

⓮ **St. Anthony** (2500 Ew.) im Norden der Northern Peninsula eignet sich als Stützpunkt zur Erkundung der subarktisch geprägten Region.

SEHENSWERT

Das **Grenfell Centre** (Mo.–Fr. 8.00–17.00 Uhr, Eintritt: 10 $, www.grenfell-properties.com) gedenkt Dr. Wilfred Grenfell, der bereits gegen Ende des 19. Jahrhunderts ein ärztliches Versorgungssystem für die Fischer und Inuit der Region aufbaute.

RESTAURANT/UNTERKUNFT

Das €€ **Lightkeepers Seafood/Great Viking Feast** (Tel. 70 94 54 49 00, www.light keepersvikingfeast.com) hoch über St. Anthony bietet Seafood mit Aussicht. Strategisch besonders günstig zur Erkundung der Northern Peninsula liegt die rustikale, Rad-, Paddel- und Walbeobachtungstouren organisierende €/€€ **Wildberry Adventure Lodge** (Parker's Brook, Rte. 430, Tel. 70 94 54 26 62, www.wildberry countrylodge.com).

Tipp

Ganz schön lecker

„Comfort Food" – mit „Hausmannskost" nur unzureichend übersetzt – sorgt im € Relish Gourmet Burgers in St. John's für Stressabbau am Ende des Tages; und zwar mit pfiffigen Kreationen wie *Big Texas* (mit BBQ Sauce und knusprigem Speck), *LA is my Lady* (mit Avocadoscheibchen und Ziegenkäse) oder *Le Nordique* (mit Brie, karamellisierten Zwiebeln und körnigem Senf).

€ RELISH GOURMET BURGERS
11 Waldergrave St.,
Tel. 70 95 79 57 43,
http://relishlife.com/relish-st-johns

Tipp

Wie hausgemacht

Ein guter Tipp für alle, die einmal traditionelle Newfie-Gerichte probieren möchten – *Fish 'n Brewis* etwa, eine breiähnliche Mahlzeit aus gesalzenem Kabeljau, trockenem Brot und Schweinefett, *Cod Tongues* oder *Flipper Pie* – ist das Barbour Living Heritage Village in Newton. Dort köchelt man im € **Old Shoppe Restaurant** wie vor 100 Jahren Kabeljau, Krabben und Muscheln in allen Variationen!

€ OLD SHOPPE RESTAURANT
11 Waldergrave St., Barbour Living Heritage Village, Newton, Tel. 70 95 36 55 13, www.barbour-site.com

ERLEBEN

Wanderwege vor der Haustür führen zu schönen Aussichten. Northland Discovery Boat Tours (Tel. 70 94 54 30 92, www.discovernorthland.com) unternimmt Touren zu den **Eisbergen**.

UMGEBUNG

Am Ende der von Deer Lake heraufziehenden Rte. 430, dem „Viking Trail" (www.vikingtrail.org), liegt die **L'Anse aux Meadows National Historic Site** (Juni–Okt. tgl. 9.00–18.00 Uhr, Eintritt: 11,70 $, www.pc.gc.ca/lhn-nhs/nl/meadows/index.aspx). Dort wurden – heute als Welterbe der UNESCO geschützte – Reste einer Wikinger-Siedlung freigelegt.

INFORMATION

St. Anthony, West Street, Tel. 70 94 54 34 54, www.town.stanthony.nf.ca/indexb.php

15 Labrador: In St. Barbe setzt die Autofähre „MV Apollo" (www.labradormarine.com, Tel. 70 98 77 22 22) nach Blanc Sablon in Québec über. Die 1300-Seelen-Siedlung ist ein guter Ausgangspunkt für die Erkundung der Dörfer und Fischerhäfen der die Südküste von Labrador begleitenden Route 510.

SEHENSWERT

Die größte Attraktion ist die – seit 2013 ebenfalls zum Welterbe der UNESCO zählende – **Red Bay National Historic Site** (Juni–Okt. tgl. 9.00–18.00 Uhr, Eintritt: 7,80 $, www.pc.gc.ca/lhn-nhs/nl/red bay/index.aspx). Ein Besucherzentrum erinnert an die baskische Walfangindustrie des frühen 16. Jahrhunderts.

UNTERKUNFT

Sauber, solide: die € / €€ **Auberge Quatre Saisons** (2 rue Beaudoin, Tel. 41 84 61 20 24, www.blancsablon.com) in Blanc-Sablon.

INFORMATION

Destination Labrador, Glenn Plaza, 174 Hamilton River Rd., Happy Valley-Goose Bay, NL, Tel. 70 98 96 65 07, www.destinationlabrador.com

Genießen   Erleben   Erfahren

Immer am Rand lang

DuMont Aktiv

Der East Coast Trail (ECT) begleitet die raue Ostküste der Avalon-Halbinsel. Den Nordatlantik stets im Blick, führt dieser Fernwanderweg zu fantastischen Aussichten und durch winzige Weiler und Fischerdörfer.

Aus dem Tripreport des Autors: „Schroffe Steilküste soweit das Auge reicht, grau, abweisend, zerrissen von Buchten und tiefen Spalten, die den Trail zu langen Umwegen landeinwärts zwingen – der schwer gegen die Küste krachende Atlantik liefert fernes Donnergrollen als Begleitmusik. Bald geht es nur noch auf und ab. Den Ozean zur Rechten, arbeitet sich der ECT über steile, windige, bis zu 300 m hohe Vorgebirge, auf denen man durch kniehohes Blau- und Moltebeergestrüpp stakst, dann hinab in feuchte Senken am Ende der Buchten, und dann auf der anderen Seite wieder hinauf, auf das nächste Kap, den nächsten Hang, das nächste Plateau. So wird es die nächsten zehn Tage gehen. Von einer Aussicht zur anderen ..."

Der gut 220 km lange Trail führt von St. John's bis nach Cappahayden im Süden der Halbinsel. In – auch einzeln wunderbar wanderbare – Abschnitte unterteilt, ist er mit einfachen Campingplätzen ausgerüstet. Wer abends eine heiße Dusche bevorzugt, der kann am Ende des Tages den Trail verlassen und in den Fischerhäfen in netten kleinen B&Bs an der Rte. 10 übernachten.

Weitere Informationen

Für die Instandhaltung und Ausschilderung des Trails ist die East Coast Trail Association verantwortlich. Bei ihr gibt es auch Kartenmaterial. Der Association verbunden sind zudem zahlreiche Unterkunftsbetriebe am Trail.

Viele davon bieten einen kostenlosen Transport zu den Trailheads an.
East Coast Trail Association
St. John's, Tel. 70 97 38 44 53
www.eastcoasttrail.ca

Die faszinierendsten Trails

Tageswanderungen für Genießer

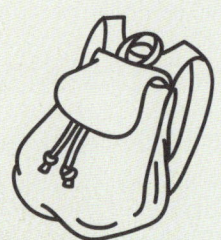

Es bräuchte mehr als ein Menschenleben, um alle Wanderwege zwischen Ontario und Newfoundland & Labrador gebührend zu genießen. Hier stellen wir Ihnen sieben Tageswanderungen in fünf Provinzen vor, auf denen Sie die raue Wildnis im kanadischen Osten in ihrer ganzen, herben Schönheit erleben können. Und, nein, Sie müssen kein professioneller Abenteurer sein. Aber ins Schwitzen werden Sie schon kommen!

1 Fundy Trail (New Brunswick)

Den höchsten Tidenhub der Welt hautnah erleben, 23 Aussichtspunkte genießen, vier abgeschiedene Strände und 600 Millionen Jahre alte Gesteinsformationen entdecken, dann noch eine schwankende, 84 m lange Hängebrücke … Selten bietet eine Tageswanderung so viele neue Eindrücke! Der 19 km lange Fundy Trail, eigentlich ein 2600 ha großer Park mit schönem Besucherzentrum, beginnt eine Autostunde von Saint John entfernt beim malerischen Fischerort St. Martins und folgt der bewaldeten Felsenküste der Bay of Fundy in Sichtweite.

3 Fundy Trail Parkway, Salmon River, Tel. 50 68 33 20 19, www. fundytrailparkway.com

2 Cup & Saucer Trail (Ontario)

Am besten spätnachmittags, wenn die Sonne den 350 m hohen Bergrücken im Zentrum von Manitoulin Island in ein geradezu magisch anmutendes Pastelllicht tunkt: Der 12 km lange Cup & Saucer Trail beginnt 18 km westlich von Little Current an der Kreuzung von Bidwell Rd. und Hwy. 540 und ist technisch relativ leicht, dafür aber umso abwechslungsreicher. Zunächst führt er durch dichten Wald und schließlich an 70 m hohe Klippen vorbei zu den weithin schönsten Aussichten über die Insel und die Georgian Bay. Alternative Trails erfordern das Klettern durch enge Felsspalten und Absteigen auf hölzernen Leitern! Übrigens: Diese Wanderung wird noch interessanter, wenn man sich bei dem lokalen Anbieter Great Spirit Circle Trail einem Ojibwa-Führer anvertraut.

www.circletrail.com

3 L'Acropole des Draveurs (Québec)

Von hier aus lassen sich die tiefsten Täler östlich der kanadischen Rocky Mountains in Augenschein nehmen! Der nur 9 km lange, aber auf 4,5 km gut 800 Höhenmeter ansteigende L'Acropole-des-Draveurs-Trail ist eine ziemlich schweißtreibende Angelegenheit und nur für konditionsstarke Wanderer geeignet. Diese belohnt er mit spektakulären Aussichten in das tiefste der v-förmigen Täler im Parc national des Hautes-Gorges-de-la-Rivière-Malbaie und die hier besonders dramatische Bergwelt des Kanadischen Schilds. Die Anfahrt erfolgt von La Malbaie aus auf der Rte. 138 über das Dorf St-Aimé-des-Lac.

SEPAQ, 25 blvd. Notre-Dame, Clermont, Tel. 41 84 39 12 27, www.sepaq.com/pq/hgo/

④ Franey Trail (Nova Scotia)

Aufwärts, aufwärts und immer weiter – bis der grandiose 360-Grad-Rundumblick über den 400 m tiefer liegenden Clyburn Brook Canyon und die Atlantikküste von Cape Smokey bis nach Ingonish erreicht ist! Der 7,4 km lange Franey Trail ist steil und felsig, erleichtert mancherorts jedoch mit kurzen Treppen das Fortkommen. Nicht vergessen: im Logbuch auf dem Gipfel ein Autogramm hinterlassen! Zum Trailhead gelangt man, indem man gleich nördlich vom Clyburn River vom Cabot Trail abbiegt und der Straße bis zum kleinen Parkplatz folgt.

Cape Breton Highlands National Park, Ingonish, Tel. 90 22 24 23 06, www.pc.gc.ca/eng/pn-np/ns/cbreton/index.aspx

⑤ Spout Path (Newfoundland)

Das ist für viele der schönste, aber auch anstrengendste Abschnitt des 265 km langen East Coast Trail (siehe DuMont-Aktiv S. 113) an der Ostküste der Avalon-Halbinsel! Der 16,3 km lange Spout Path von The Goulds nach Bay Bulls folgt alten Schmugglerpfaden hoch über der dramatischen Steilküste und passiert fünf Wasserfälle, spektakuläre Aussichtspunkte sowie einen einsamen Leuchtturm. Einige Abschnitte sind steil und steinig; solides Schuhwerk ist absolut notwendig, Wasser in ausreichenden Mengen mitführen!

East Coast Trail Association, St. John's, Tel. 70 97 38 44 53, www.eastcoasttrail.ca/trail/trail_detail.php

⑥ Top of the Giant Trail (Ontario)

Der Lake Superior ist mit über 82 000 km² Fläche der größte der fünf Großen Seen Nordamerikas und fast doppelt so groß wie die Schweiz. Selbst das Fragment dieses gewaltigen Binnenmeeres, das Sie von dem gut 300 m hohen Aussichtspunkt am Ende des Top of the Giant Trail erblicken, gleicht einer endlosen Wasserwüste, die am Horizont mit dem Himmel verschmilzt. Der Trail liegt im Sleeping Giant Provincial Park etwas nordöstlich von Thunder Bay. Er ist mit drei Kilometern nicht sonderlich lang, dafür aber umso steiler und erfordert eine gute Kondition. Um zum Startpunkt zu gelangen, müssen Sie zunächst den acht Kilometer langen, eher leichten Kabeyun Trail unter die Stiefel nehmen. Alles in allem warten also knapp 22 zu bewältigende Kilometer auf Sie. Die spektakuläre Aussicht von den steilen Felsenkanten des „Schlafenden Riesen" lohnen den Weg allemal.

Sleeping Giant Provincial Park, RR1, Pass Lake, P0T 2M0 ON. Tel. 80 79 77 25 26, www.ontarioparks.com/park/sleepinggiant

⑦ Green Garden Trail (Newfoundland)

Die Belohnung für all die Mühe ist eine hübsche verschwiegene Felsenbucht namens „Old Man Cove" mit einem Strand, einem Wasserfall und einer Seehöhle. Doch davor haben die Götter den Schweiß gesetzt. Dabei ist der Weg das Ziel, was soviel bedeutet wie: Schon die Fahrt auf dem Hwy. 431 von Woody Point aus bis zum Startpunkt auf halbem Weg nach Trout River ist ein Erlebnis! Dieser knapp 16 km lange Wanderweg im Gros Morne National Park durchquert extrem abwechslungsreiches Terrain, darunter sattgrüne Wildwiesen, „barrens" genannte Ödnis, und folgt am Ende einer spektakulären Steilküste, deren Rändern man am besten fernbleibt. Zuletzt geht es dann auf einer Treppe zum Strand. Schwimmen kann man hier nicht, schließlich ist dies der hibbelige Nordatlantik, doch der Blick auf die schäumende Brandung und die typisch neufundländische Steilküste sind schon Belohnung genug!

Gros Morne National Park, PO Box 130, Rocky Harbour, NL A0K FN0, Tel. 70 94 58 24 17, www.pc.gc.ca/eng/pn-np/nl/grosmorne/index.aspx

Kanada gehört zu den faszinierendsten Ländern der Erde. Oben: rollendes Zuhause (in Trinity, Newfoundland). Rechts: Pole Position (Toronto).

Service

Praktische Informationen für die Reise und einiges Wissenswerte über Kanadas Osten haben wir hier für Sie zusammengetragen.

Anreise

Air Canada und Deutsche Lufthansa bieten täglich Non-Stop-Linienflüge von Frankfurt am Main nach Toronto, Montréal und Halifax (im Sommer). **Air Transat** bedient neben Toronto auch Québec City und Halifax. Toronto und Montreal werden des Weiteren von allen großen Airlines angeflogen, u.a. Iceland Air, Air France, British Airways und SWISS. St. John's (Nl) wird von verschiedenen Fluggesellschaften mit Direktflügen bedient.

Auskunft

Destination Canada,
800-1045 Howe St., Vancouver, BC
V6Z 2A9 Canada
http://en.destinationcanada.com

Ontario
Ontario Tourismus,
Bavariaring 38, D-80336 München
Tel. 089 6 89 06 38 37
http://de.ontariotravel.net

Québec
Destination Québec
MEKS GmbH destination experts
Gertraudenstraße 20
D-10178 Berlin
Tel. 0151 11 66 16 42
www.destinationexperts.de
New Brunswick - Nouveau Brunswick
Tourism New Brunswick
c/o Department of Parks and
Tourism, Box 12345,
Campbellton NB, E3N 3T6
Tel. 1-800 56101234
www.tourismnewbrunswick.ca

Nova Scotia
Tourism Nova Scotia
c/o TravelMarketing Romberg
Schwarzbachstr. 32, 40822 Mettmann
Tel. 02104 79 74 54, www.novascotia.com/
deutsch/willkommen-in-nova-scotia

Prince Edward Island
Tourism PEI, Box 2000
Charlottetown, PEI, C1A 7N8
Tel. 1-800 4 63 47 34
www.tourismpei.com

Newfoundland & Labrador
Newfoundland & Labrador Tourism
Box 8700 St. John's, NL, A1B 4J6
Tel. 1-709 7 29 28 30
www.newfoundlandlabrador.com

Autofahren

Der nationale **Führerschein** wird anerkannt, der internationale nicht ausdrücklich verlangt, kann aber vor Ort das Anmieten eines Leihwagens erleichtern. In der Regel gelten die gleichen **Verkehrsregeln** wie in Deutschland, allerdings gibt es ein paar Besonderheiten. So darf in Ostkanada in allen Provinzen bei Rot abgebogen werden. Für Québec gilt eine Sonderregel: Hier darf nur in Montréal nicht bei Rot abgebogen werden. Haltende Schulbusse dürfen auch vom entgegenkommenden Verkehr nicht überholt werden. Es besteht allgemeine Gurtpflicht. Handy-Gespräche während des Autofahrens sind ebenfalls verboten. **Geschwindigkeitsbegrenzungen** müssen unbedingt eingehalten werden. Auf vierspurigen Highways bzw. Autoroutes beträgt die Höchstgeschwindigkeit, solange nicht anders ausgeschildert, 100 km/h, auf zweispurigen Straßen nur 80 km/h, in Ortschaften 50 km/h. Die **Promillegrenze** liegt je nach Provinz zwischen 0,0 und 0,8 Promille. In besiedelten Gebieten und entlang der Highways gibt es genügend **Tankstellen.** Weitsichtig tanken sollte man dagegen in dünn besiedelten Gebieten wie in Nordwest-Ontario und in Newfoundland. Autofahren in Kanada ist aufgrund des geringen Verkehrsaufkommens im Allgemeinen eine entspannende Angelegenheit. In einigen Fällen ist jedoch erhöhte Aufmerksamkeit zu empfehlen. So können **Holztransporter** es oft eiliger haben als die Polizei erlaubt. Während die meisten Großstädte ihren Verkehr erfolgreich in ruhige Bahnen lenken konnten, müssen Autofahrer in Montréal mit einem unübersichtlichen Verkehrsnetz rechnen.

Botschaften/Konsulate

Deutsche Vertretungen
Botschaft, 1 Waverly St., Ottawa,
ON, K2P0t8, Tel. 61 32 32 11 01,
www.ottawa.diplo.de
German Consulate General Montréal
1250 boul. René-Lévesque Ouest
Montréal, Qué., H38 4W8
Tel. 51 49 31 72 39, www.montreal.diplo.de
German Consulate General Toronto
2 Bloor St., Toronto, ON, M4W 1A8
Tel. 41 69 25 28 13,
www.toronto.diplo.de

Leben und leben lassen: in Kingston, Provinz Ontario. Kanadas offizielle Politik des Multikulturalismus befördert ein auf beispielhafter Toleranz gründendes ethnisches Mosaik.

In den englischsprechenden Provinzen dominierten lange schlichte, einfallslos zubereitete Gerichte die Speisekarten. Inzwischen hat sich das geändert. Eine neue Generation ideenreicher Küchenchefs lenkte die Aufmerksamkeit der Kanadier mit kreativen Rezepten und organischen Zutaten aus der Region erfolgreich auf eine bessere Ernährung. Diese neue Küche bedient sich saisonal frischen Gemüses, Kräutern aus dem eigenen Garten sowie Fisch und Fleisch bekannter Herkunft. Vor allem in den Weltstädten Toronto und Montréal erhält die regionale Küche einen kosmopolitischen Touch, während sie in Québec City französisch angehaucht und in den Städten Atlantik-Kanadas maritim – Hummer, Kabeljau, Jakobsmuscheln, Heilbutt – beeinflusst ist.

Neben den üblichen alkoholfreien Erfrischungsgetränken wird gern **Bier** konsumiert. Zwar stammt der Löwenanteil des Gerstensaftes aus nordamerikanischen Großbrauereien, doch haben sich örtliche, „micro breweries" bzw. „micro brasseries" genannte Brauereien mit einer breiten Palette bekömmlicher Biere etabliert. Die Weinkarten pflegen **Weine** aus aller Welt

Österreichische Vertretungen

Botschaft, 445 Wilbrod St.,
Ottawa, ON, K1N 6MZ, Tel. 61 37 89 14 44
www.bmeia.gv.at/botschaft/ottawa.html
Honorarkonsulat Montréal
1010 rue Sherbrooke Ouest, Qué., H3A 2Rl
Tel. 51 48 49 37 08,
consulat.montreal@advantageaustria.org
Honorarkonsulat Halifax, 1718 Argyle St.,
NS, B3J 3N6, Tel. 90 24 29 82 00,
austrianconsulatehalifax@sonco.ca

Schweizer Vertretungen

Botschaft, 5 Marlborough Ave.,
Ottawa, ON, K1N 8E6,
Tel. 61 32 35 18 37, www.eda.admin.ch
Consulate General Montréal,
1572 ave. Dr. Penfield,
Montréal, Qué., H3G 1C4, Tel. 51 49 32 71 81,
www.eda.admin.ch/montreal

Camping

Es gibt zahlreiche staatliche und private **Campingplätze.** Jeder National- und Provinzpark verfügt über welche; das Angebot reicht von der einfachen Plattform im Busch bis zu komfortablen Anlagen mit Picknicktischen, Grill, Sanitäranlagen, Pool, Fahrrad- und Kanuverleih. Immer mehr Parks bieten inzwischen auch Übernachtung in Hütten und Jurten, die auf den Reservierungsseiten ihrer Homepages reserviert werden können. Für **Motorhomes** gibt es Stellplätze mit Stromanschluss. In den Parks ist wildes Campen verboten. Außerhalb sollte wenn möglich stets zuvor um Erlaubnis gefragt werden.

Essen und Trinken

Restaurants für jeden Geschmack und jede Geldbörse, darunter auch Niederlassungen bekannter Fastfood-, Bistro- und Coffeeshopket-

Der Niagara River stürzt bei den nach ihm benannten Fällen über 50 Meter in die Tiefe.

ten, findet man vor allem in den Großstädten und den touristischen Zentren. Immer für eine Überraschung gut sind aber auch die kleinen Orte und Truck Stops in der Ödnis.

Daten & Fakten

Info

Staat: Kanada ist 9 984 670 km² groß und zählt 35,85 Mio. Einwohner (2016). Die Hauptstadt ist Ottawa, Amtssprachen sind Englisch und Französisch.

Geographische Lage: Der Osten macht die Hälfte des Landes aus und umfasst vier der sieben Großlandschaften Kanadas. Nördlich von Toronto beginnt der uralte Gneis- und Granitrücken des Kanadischen Schilds. Er bedeckt den größten Teil Ontarios und Québecs und reicht bis nach Labrador. Im Süden läuft der Schild in die Großen Seen und in das St.-Lorenz-Tiefland aus, fruchtbare und dicht bevölkerte Landstreifen beiderseits des St.-Lorenz-Stroms. Die auf der Grenze zu den USA liegende kleinräumige Appalachen-Region erreicht auf der Gaspé-Halbinsel über 1200 m Höhe und setzt sich in Newfoundlands Northern Peninsula fort.

Politik und Gesellschaft: Kanadas Staatsform ist die konstitutionelle Monarchie innerhalb des Commonwealth. Es gibt ein Zweikammerparlament. Das Staatsoberhaupt ist die englische Königin, vertreten durch einen Generalgouverneur, der formell den Premierminister ernennt. Kanada besteht aus zehn Provinzen und drei Territorien. Die Provinzen verfügen über einen weitaus höheren Grad an Autonomie als etwa die deutschen Bundesländer.

Wirtschaft: Der Reichtum an natürlichen Ressourcen (u.a. Nickel in Ontario, Erdöl vor Newfoundland, Holz, Wasserkraft, Schwefel, Asbest) ist die Basis für Kanadas Wohlstand. Die Landwirtschaft in Süd-Ontario und Québec produziert Überschüsse, dort befinden sich auch Automobil-, Luftfahrt-, Holz- und Papier- sowie Nahrungsmittelindustrien. Mit 75 % Anteil am BSP ist der Dienstleistungssektor der bedeutendste Sektor der kanadischen Wirtschaft.

Umwelt & Natur: Kanada ist berühmt für seine Nationalparks, aber seit seinem Austritt aus dem Kyoto-Protokoll auch berüchtigt. Bergbau, Holzschlag und Siedlungsdruck stören vielerorts das natürliche Gleichgewicht. Die boomenden Öl- und Erdgasindustrien werden die Reizworte der Zukunft sein.

Im Making Waves Boatel im Hafen von Toronto warten drei schnuckelige Kabinen auf zahlende Gäste (siehe Unsere Favoriten, S. 20/21).

Buona vista am Cape Bonavista: an der Ostküste von Newfoundland (Newfoundland and Labrador).

aufzulisten, vor allem jedoch aus Frankreich, Italien, Kalifornien, Australien und Chile. Kanadische Weine stammen aus British Columbia und von der Niagara-Halbinsel.

Geld

Landeswährung ist der Kanadische Dollar (CAD). Es gibt Münzen zu 1 Cent (Penny, Sous), 5 Cent (Nickel), 10 Cent (Dime), 25 Cent (Quarter), 1 Dollar (Looinie) und 2 Dollar (Toonie). In Québec werden Dollar auch „Piastre" genannt. Papiergeld gibt es zu 5, 10, 20, 50, 100, 500 und 1000 Dollar. 50-Dollar-Scheine werden mitunter nicht angenommen. Überall akzeptiert werden VISA und MasterCard. Besitzer von Kredit- oder Bankkarten mit Maestro-Zeichen bekommen an den meisten Geldautomaten (ATM´s, Guichet automatique) Bares.

Gesundheit

Ärztliche Versorgung: Die medizinische Versorgung in Kanada ist gut, aber wer sie auf der Reise in Anspruch nehmen muss, bezahlt dafür auch teuer. Es empfiehlt sich, vor Reiseantritt eine Auslandskrankenversicherung abzuschließen und alle verschreibungspflichtigen Medikamente in ausreichender Menge mitzuführen. **Apotheken** heißen in Kanada „Pharmacies" und befinden sich meist in den Drugstores von Kaufhäusern und Einkaufszentren. Viele Medikamente, die in Deutschland verschreibungspflichtig sind, bekommt man hier ohne Rezept.

Hotels/Unterkunft

Ausgewählte Unterkunftempfehlungen werden auf den Infoseiten der jeweiligen Kapitel vorgestellt. Dabei gelten folgende Preiskategorien:

Preiskategorien

€€€€	1 DZ für 2 Pers.	ab 180	€
€€€	1 DZ für 2 Pers.	ab 150	€
€€	1 DZ für 2 Pers.	ab 90	€
€	1 DZ für 2 Pers.	unter 90	€

Hotels, Motels, Country Inns und Auberges, B&Bs, Gîtes, Lodges, Camps: Die Fremdenverkehrsämter der Provinzen halten umfangreiche Unterkunftsbroschüren (print und online) mit Herbergen für jedes Reisebudget bereit. Für die Hochsaison sollte man zumindest in den Städten, touristisch stärker frequentierten Gebieten und den National- und Provinzparks so früh wie möglich buchen. **Jugendherbergen:** Hostelling International betreibt in Kanadas Osten mehrere Dutzend Jugendherbergen. Man muss nicht im deutschen bzw. kanadischen Jugendherbergsverband Mitglied sein, um diese nutzen zu dürfen, doch Mitglieder bekommen Preisnachlässe

Info

Geschichte

....

ca. 1000: Grönland-Wikinger errichten an der Nordspitze Neufundlands eine Siedlung.
1497: John Cabot entdeckt Newfoundland. Baskische Walfänger jagen vor Labrador.
1534–1541: Jacques Cartier nimmt Kanada für Frankreich in Besitz.
1605: Samuel de Champlain gründet an der Bay of Fundy Port-Roya.
1608: Champlain gründet Québec, die Hauptstadt Neu-Frankreichs. Akadische Bauernpioniere siedeln an der Bay of Fundy, englische und bretonische Fischer überwintern in Newfoundland.
1642: Gründung Montréals.
1670: Gründung der Hudson's Bay Company durch englische Kaufleute.
1713: Friede von Utrecht: Frankreich überlässt England seine Besitzungen am Atlantik.
1749: Halifax wird gegründet.
1759: Die Briten nehmen Québec City ein.
1774: Im Québec Act garantiert England den französischsprachigen Siedlern das Recht auf eigene Sprache, Rechtsprechung, Religion.
1783: Nach der Unabhängigkeit der USA lassen sich 50 000 königstreue Loyalisten in British-Nordamerika nieder.
1791: Teilung der Kolonie in Upper Canada (Ontario) und Lower Canada (Québec).
1812: Krieg mit den USA.
1841: Vereinigung zur Province of Canada.
1. Juli 1867: Gründung Kanadas im British North America Act.
nach 1949: Kanada erlebt eine Hochkonjunktur. 1959 wird der St. Lawrence Seaway eröffnet, 1961 der Trans Canada Highway.

1960er-Jahre: In Québec sorgt die liberale „révolution tranquille" für eine kulturelle Renaissance und die Säkularisierung der Frankokanadier.
1976: Wahlsieg der separatistischen „Parti Québécois" in Québec. Olympische Sommerspiele in Montréal.
1980: Die erste Volksbefragung zur Unabhängigkeit Québecs scheitert.
1982: Constitution Act – Kanada erhält eine neue Verfassung, die Québec allerdings nicht unterzeichnet.
1987: Québec erklärt sich zur Ratifizierung bereit unter der Bedingung, als „société distincte" anerkannt zu werden, tritt jedoch zurück, als auch Newfoundland und Manitoba die Verfassung nicht ratifizieren.
1992: Das Verbot der Fischerei stürzt Newfoundland in eine schwere Krise. Auch die übrigen Atlantikprovinzen leiden unter der Fischereikrise.
1995: Die zweite Volksbefragung zur Unabhängigkeit Québecs scheitert ebenfalls.
2008: Ottawa entschuldigt sich bei den First Nations für das berüchtigte System der „residential schools".
2009: Ottawa steigt aus dem Kyoto-Protokoll aus. Die Rezession beutelt auch Kanada ganz gehörig.
2011: Eine Werft in Halifax erhält Aufträge im Wert von 25 Milliarden CAD.
2012: Kanada hat nun über 35 Mio. Einw.
2015: Der Liberale Justin Trudeau wird Premierminister und verspricht, die Kanadier trotz ihrer Differenzen zusammenzubringen.

Info

Reisedaten

Flug von Deutschland: Frankfurt
a. M. – Toronto ca. 800 €
Inlandsverkehr: Busfahrt Montreal –
Vancouver ca. 80 €
Reisepapiere: Reisepass, eTA
Devisen: 1 CAD = ca. 0,66 €
Mietwagen: ab 30 € pro Tag
Benzin: 1 l Normalbenzin ca. 0,75 €
Hotel: DZ Luxuskategorie ab 180 €,
Mittelklasse ab 90 €
Lodge/Ranch: 1 Übernachtung ab 70 €,
Luxuskategorie ab 120 €
Menü: 3 Gänge pro Person ab 23 €,
Luxuskategorie ab 38 €
Einfaches Essen: Hauptgericht
(Lunch) ab 8 €
Ortszeit: gegenüber MEZ –7 bis –9
Stunden

(Hostelling International, Ottawa, Tel. 613/237-
78 84, www.hihostels.ca).

Mietwagen

Um sich in Kanada ein Auto zu mieten, muss
man mindestens 21 Jahre alt sein, für ein
Wohnmobil liegt das Mindestalter sogar bei 25
Jahren. Mietwagenschalter befinden sich in
Flughäfen, Bahnhöfen und Hotels. Etwas preis-
werter ist die Buchung von Deutschland aus.

Notruf

Polizei, Krankenwagen, Feuerwehr: Tel. 911

Post

Karten und **Briefe** werden regulär per Luft-
post befördert und benötigen vier bis sieben
Tage nach Europa. **Briefmarken** können in
Postfilialen, an Zeitungskiosken und vielfach
auch Hotelrezeptionen gekauft werden. Die kanadischen Postfilialen sind Mo.–Fr. 8.00–17.45
u. Sa. 9.00–12.00 Uhr geöffnet.

Reisedokumente

Reisende aus Deutschland, Österreich und der
Schweiz benötigen neben dem gültigen Reisepass auch die elektronische Reisegenehmigung
eTA („electronic travel authorization", online
abrufbar unter www.cic.gc.ca/english/visit/
eta-facts-de.asp). Vorgelegt werden müssen
auch das Rückreiseticket sowie die „Customs
Declaration Form", die bereits im Flugzeug
ausgefüllt wird. Zudem sind auf Verlangen der
Zollbeamten ausreichende finanzielle Mittel
zur Bestreitung des Aufenthalts in Kanada
nachzuweisen.

Reisende mit Handicap

Die meisten öffentlichen Gebäude, Kaufhäuser,
Hotels und Restaurants sind mit Rampen und
speziellen Toiletten auf Rollstuhlfahrer vorbe-
reitet. In vielen National- und Provinzparks gibt
es Plankenwege und Rampen für Rollstuhlfahrer. Das umfangreichste Verzeichnis von Orga-
nisationen und Initiativen für Behinderte in Kanada enthält die Homepage der Canadian Abi-
lities Foundation in Toronto, 340 College St.,
Tel. 41 69 23 18 85, www.abilities.ca.

Reisezeit und Klima

Ein ausgeprägtes Kontinentalklima sorgt für
warme Sommer mit Spitzentemperaturen über
30 Grad und kalte, schneereiche Winter, bei denen die Temperaturen bis unter minus 30 Grad
sinken können. Die Jahreszeiten unterscheiden
sich deutlich voneinander, wobei vor allem in
Nord-Ontario und Québec der vier Monate
lange trockene Winter mit seinen vielen Sonnentagen angenehmer ist als in Mitteleuropa.
Im St.-Lorenz-Tiefland, dem Gebiet der Großen
Seen und in Atlantik-Kanada sorgen höhere
Luftfeuchtigkeit und mehr Niederschläge für
eine Abschwächung dieser Werte.
Oberbekleidung für jede Jahreszeit sollte unbedingt mitgeführt werden. Angesichts der gewaltigen Entfernungen sind beträchtliche Tem-
peraturunterschiede vor allem in Ontario und
Québec zu erwarten.
Die Monate Juni bis September gelten in Ka-
nadas Osten als Hauptsaison, dabei sind Juli
und August in ganz Nordamerika Ferienmonate
und die Hotels voll. Wegen seiner wunderbaren
Laubfärbung (foliage) gilt der Indian Summer
Mitte September bis Ende Oktober als fünfte
Jahreszeit. Auch hier gilt: frühzeitig buchen!

Restaurants

Viele Regionen Ostkanadas haben ihre eigenen
Spezialitäten, z. B. St. Jacobs (Ontario) die
handfeste, auf Wurst und Fleisch basierende
Mennoniten-Kost, die Dörfer am Chemin du
Roy (Québec) den traditionellen Fleischkuchen
„Tourtière", Atlantik-Kanada die sämige
Fischsuppe „fish chowder".
Ausgewählte Restauranttipps werden auf den
Infoseiten der jeweiligen Kapitel vorgestellt.
Dabei gelten folgende Preiskategorien:

Preiskategorien

€ € € €	Hauptgericht	ab 27	€
€ € €	Hauptgericht	ab 19	€
€ €	Hauptgericht	ab 12	€
€	Hauptgericht	unter 12	€

Sprachen

In Ontario und den Atlantikprovinzen wird Englisch gesprochen, in Québec, Nord-Ontario,
dem nördlichen Drittel New Brunswicks und in
zahlreichen Enklaven von Prince Edward Island
und Nova Scotia Französisch. Da die frankophonen Akadier alle zweisprachig aufwachsen
und auch immer mehr Québécois zweisprachig
sind, kommt man mit Englisch meist gut zurecht.

Telefonieren

Öffentliche Fernsprecheinrichtungen, meist
Kartentelefone, gibt es überall. Telefonkarten
(„Calling Cards") bekommt man u.a. an Zei-

*Schön & berühmt: der Leuchtturm von
Peggy's Cove (Nova Scotia)*

tungskiosken und in Buchläden. Ferngespräche sind zwischen 23.00 abends und 8.00 Uhr morgens am günstigsten. R-Gespräche werden beim „Operator" (Tel. 0) als „collect call" angemeldet. Hotels erheben für auswärtige Telefongespräche saftige „Service Charges". Eine regionale Besonderheit sind die kostenlosen 800er-Nummern. Diese werden vor allem von Hotels und Transportunternehmen verwendet, funktionieren allerdings nur innerhalb Nordamerikas, Kanadas oder der jeweiligen Provinz.
Landesvorwahlen: nach Deutschland: 01149; nach Österreich: 01143; in die Schweiz: 01141. Kanada hat die Landesvorwahl 001.

Verkehrsmittel

Flugzeug: Das Flugnetz im Osten ist sehr gut ausgebaut und verbindet die Metropolen selbst mit den Rollfeldern der entlegensten Dörfer. Die wichtigsten Inland-Airlines sind Air Canada (www.aircanada.com) mit ihren angegliederten regionalen Airlines, West Jet (www.westjet.com) und Porter (www.flyporter.com).
Fähren: In allen Provinzen fahren Autofähren.
Eisenbahn: Die kanadische Eisenbahn VIA RAIL betreibt mehrere Reisezüge im Osten, darunter die Strecken Montréal–Toronto, Montréal–Québec City und Montréal–Gaspé. Tickets können online bei VIA Rail gekauft werden oder

Info

Wetterdaten

Toronto

	TAGES-TEMP. MAX.	NACHT-TEMP. MIN.	TAGE MIT NIEDER-SCHLAG	SONNEN-STUNDEN PRO TAG
Januar	-1°	-9°	16	3
Februar	-1°	-9°	13	4
März	3°	-5°	13	5
April	10°	1°	12	5
Mai	17°	7°	12	7
Juni	23°	12°	9	7
Juli	26°	15°	10	7
August	25°	14°	9	7
September	21°	11°	9	6
Oktober	13°	4°	9	5
November	6°	-1°	13	3
Dezember	1°	-6°	13	3

bereits in Deutschland (CRD International GmbH, Stadthausbrücke 1–3, 20335 Hamburg, Tel. 040 30 06 16 70, www.crd.de).
Bus: Ein flächendeckendes Netz aus Linienbussen deckt alle größeren Städte und wichtigen Touristenzentren ab. Busreisen sind relativ preiswert, aber auch zeitaufwendig und führen meist nicht in die National- und Provinzparks.

Zeitschriften

Fast alle kanadischen Zeitungen sind auch online vertreten. Nationale Tageszeitungen: „Globe and Mail" (www.theglobeandmail.com), „National Post" (www.nationalpost.com). Kanadas politisches Magazin: das wöchentlich erscheinende „MacLeans" (www.macleans.ca). Das französischsprachige Gegenstück: „L'Actualité" (www.lactualite.com). Die wichtigsten regionalen Tageszeitungen sind Torontos „Toronto Star" (www.thestar.com), Montréals „La Presse" (www.cyberpresse.ca) und „The Gazette" (www.montrealgazette.com) sowie „Le Soleil" in Québec City (www.cyberpresse.ca/le-solei) und der „Ottawa Citizen" in Ottawa. In den kanadischen Atlantikprovinzen werden vor allem Nova Scotias „The Chronicle Herald" (www.thechronicleherald.com) und St. John's „The Telegraph" (www.thetelegraph.com) gelesen.

Alle in einem Boot: Familienausflug auf dem Étang À La Truite im Réserve Faunique Matane auf der Gaspé-Halbinsel (Québec).

Register

Impressum

2. Auflage 2017
© DuMont Reiseverlag, Ostfildern

Verlag: DuMont Reiseverlag, Postfach 3151, 73751 Ostfildern, Tel. 0711/4502-0, Fax 0711/4502-135, www.dumontreise.de
Geschäftsführer: Dr. Thomas Brinkmann, Dr. Stephanie Mair-Huydts
Programmleitung: Birgit Borowski
Redaktion: Robert Fischer (www.vrb-muenchen.de)
Text: Ole Helmhausen
Exklusiv-Fotografie: Christian Heeb
Titelbild: Philippe Renault/Hemis.fr/laif
Zusätzliches Bildmaterial: S. 8/9 huber-images.de/Canali Pietro, 16/17 Getty Images/Rolf Hicker, 18/19 age fotostock/LOOK-foto, 20 l. Ole Helmhausen, 20 r. mauritius images/canada/Alamy, 21 l.o. Le Monastère des Augustines, 21 r.o. Ridgeback Lodge, 21 u. mauritius images/Tracey Whitefoot/Alamy, 29 u. Corbis/Jorge Uzon, 33 laif/Bruno Perousse, 37 u. Ole Helmhausen, 40 u. Getty Images/Rashna Mohamed/EyeEm, 47 (Special) Getty Images/Ron Erwin, 66 laif/Peter Rigaud, 69 o. huber-images.de/Canali Pietro, 69 u.r. huber-images.de/Canali Pietro, 71 u. The New York Times/Redux/laif, 82 u. picture alliance/All Canada Photos, 84 l. Francois Jourdan/Explorer/laif, 85 o.l. mauritius images/John Sylvester/Alamy, 85 o.r. huber-images.de/Canali Pietro, 85 u. mauritius images/All Canada Photos/Alamy, 87 l. picture alliance/All Canada Photos, 89 u. picture alliance/Arco Images GmbH, 92 u. picture alliance/All Canada Photos, 101 (Special) Getty Images/Dale Wilson, 113 (3; DuMont Aktiv) Ole Helmhausen, 114 Stock Photos - Glowimages.com, 115 o.l. Getty Images/Viktor Posnov, 115 o.r. Ole Helmhausen, 115 u. picture alliance/All Canada Photos, 118 l.o./u. Making Waves Boastel, 120 picture alliance/Design Pics
Vektorgrafiken: shutterstock (S. 5 u., 71, 20, 84, 113, 114)
Grafische Konzeption, Art Direktion, Layout: fpm factor product münchen
Cover Gestaltung: Neue Gestaltung, Berlin
Kartografie: © MAIRDUMONT GmbH & Co. KG, Ostfildern Kartografie Lawall (Karten für „Unsere Favoriten")
DuMont Bildarchiv: Marco-Polo-Straße 1, 73760 Ostfildern, Tel. 0711/4502-266, Fax 0711/4502-1006, bildarchiv@mairdumont.com

Für die Richtigkeit der in diesem DuMont Bildatlas angegebenen Daten – Adressen, Öffnungszeiten, Telefonnummern usw. – kann der Verlag keine Garantie übernehmen. Nachdruck, auch auszugsweise, nur mit vorheriger Genehmigung des Verlages. Erscheinungsweise: monatlich.

Anzeigenvermarktung: MAIRDUMONT MEDIA, Tel. 0711 450 20, Fax 0711 45 02 10 12, media@mairdumont.com, http://media.mairdumont.com
Vertrieb Zeitschriftenhandel: PARTNER Medienservices GmbH, Postfach 810420, 70521 Stuttgart, Tel. 0711 72 52-212, Fax 0711 72 52-320
Vertrieb Abonnement: Leserservice DuMont Bildatlas, Zenit Pressevertrieb GmbH, Postfach 810640, 70523 Stuttgart, Tel. 0711 7252-265, Fax 0711 7252-333, dumontreise@zenit-presse.de
Vertrieb Buchhandel und Einzelhefte: MAIRDUMONT GmbH & Co. KG, Marco-Polo-Straße 1, 73760 Ostfildern, Tel. 0711 45 02 0, Fax 0711 45 02 340
Reproduktionen: PPP Pre Print Partner GmbH & Co. KG, Köln
Druck und buchbinderische Verarbeitung: NEEF + STUMME premium printing GmbH & Co. KG, Wittingen, Printed in Germany

FSC
www.fsc.org
MIX
Papier aus verantwortungsvollen Quellen
FSC® C001857

Vor allem in Apulien stößt man auf Trulli. Die Rundsteinhäuser standen ursprünglich auf den Feldern.

Eine von Berlins Vorzeige-ansichten, der Blick auf Bode-Museum und Fernsehturm im Hintergrund.

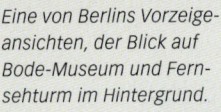

Apulien Kalabrien

Berlin

Große Kunst
Erwartet Sie in den Berliner Museen, nicht nur in jenen fünf, die auf der Museumsinsel liegen und von der UNESCO zum Welterbe gekürt wurden.

Die Hauptstadt anders erleben
Wie wäre es mit einer Rikscha-Tour durch das historische Berlin, mit einer Rundfahrt im Trabi oder mit einer Führung durch die Unterwelt?

Das hippe Berlin
Prenzlauer Berg, Kreuzberg, Friedrichshain und Neukölln, hier trifft sich heute die Szene! Wir verraten Ihnen, welche Clubs und Bars gerade angesagt sind.

Italiens tiefer Süden …
… hat jede Menge zu bieten. Alle Natur- und Kulturschönheiten der Region stellen wir Ihnen ausführlich in Bild und Wort vor.

Verlockende Strände
Einer der Hauptgründe für eine Reise nach Apulien und Kalabrien sind sicher die herrlichen Strände, einer schöner als der andere. Wir verraten Ihnen unsere Lieblingsstrände.

Unterwegs per pedes
Wanderungen in Apulien und Kalabrien sind ein wahres Erlebnis, drei herrliche Touren beschreiben wir ganz detailliert.

www.dumontreise.de

Lieferbare Ausgaben